쿠튀리에 신부에게 보내는 편지

쿠튀리에 신부에게 보내는 편지

시몬 베유 지음 이종영 옮김

차례

1

이스라엘과 '이교도들'   9

노아의 세 아들과 지중해 문명사   33

그리스도교와 비히브리 종교들의   59
원초적 관계에 대한 노트

2

쿠튀리에 신부에게 보내는 편지   67

3

이 전쟁은 종교 전쟁입니다   155

우리는 정의를 위해 싸우고 있을까요?   171

옮긴이의 말   191

시몬 베유 연보   195

일러두기

1 이 책은 시몬 베유가 1942~1943년에 쓴 글 중 종교사에 관련된
  여섯 편을 골라 번역한 것입니다.
2 이 책의 모든 각주는 옮긴이가 단 것입니다. 하지만 "『전집』의
  편집자 주에 따르면"이라고 밝혀 놓은 각주 이외에도, 성서를
  비롯해 베유가 참조, 언급, 인용한 문헌을 밝힌 각주도 대부분
  기본적으로 『전집』의 편집자 주를 따른 것입니다.
3 단행본은 겹낫표로, 책의 장과 논문, 시 등은 낫표로 묶어
  주었습니다.
4 원문에서 이탤릭체로 강조한 표현은 고딕체로 표시했습니다.

1

이스라엘과 '이교도들'[1]

신에 대해 알아야 할 핵심은 신은 선하다는 것입니다. 그 외의 모든 건 부차적입니다.

이집트 사람들은 이를 알고 있었습니다. 『이집트 사자의 서』에서 이렇게 말하듯이 말입니다.

진실의 주님, 저는 당신께 진실을 전합니다. 〔…〕 저는 당신을 위해 악을 무찔렀습니다. 〔…〕 누구에게도 눈물을 흘리게 하지 않았습니다. 〔…〕 누구에게도 두려움을 불러일으키지 않았습니다. 〔…〕 주인이 노예를 함부로 대하게 하지 않았습니다. 〔…〕 큰 소리로 말하지 않았습니다. 〔…〕 올바르고 진실한 말들에 귀를 닫지 않았습니다. 〔…〕 명예를 얻으려고 제 이름을 앞세우지 않았습니다. 〔…〕 신성神性을 겉으로 드러난 발현發顯들에 가두지 않았습니다.

『이집트 사자의 서』는 구원을 이렇게 설명합니다. 선을 사

    1   "Israël et les 'Gentils'", *Œuvres complètes*, V-1, Gallimard, 2019, pp.137~148. 1942년 9월 초(어쩌면 10월 초)에 뉴욕에서 쓴 원고입니다.

랑하고 욕망하는 영혼이 신의 은총을 받아 신에 동회되는 것이라고. 더욱이 신은 오시리스Osiris라고 명명됩니다. 오시리스는 사람의 몸으로 지상에서 산 신입니다. 그는 오직 선만을 행하다가 수난을 당하고 죽지요. 그러고선 저승에서 영혼들을 위한 구원자, 심판관, 최고선이 됩니다.

반면, 구약 성서에 따르면 모세 이전의 히브리 민족은 오직 '절대적 권력의'Tout-Puissant 신만을 압니다. 달리 말해, 히브리 민족은 신에게서 권력puissance[2]의 속성밖에 알지 못합니다. 즉 신 자체인 선은 모릅니다. 또한 히브리 족장들이 신에 대한 봉사와 도덕성을 연결시켰다는 징표도 찾아보기 힘듭니다. 유대인들의 제일 그악스러운 적들도 요셉[3]이 이집트 민족에게 행한 것보다 더 나쁜 짓을 유대인들에게 행한 적이 없습니다. 하지만 구약에선 요셉의 행위를 지지하지요.[4]

신성을 선이 아니라 오직 권력으로만 여기는 것은 우상 숭배입니다. 유일신을 믿건 아니건 상관없습니다. 유일신을 믿어야 하는 이유는 단 하나밖에 없기 때문입니다. 절대선은 유일하다는 것이 그 이유입니다.

2 　프랑스어에서 '퓌상스'는 권력 이상의 함의를 갖습니다. 즉 사람들이 그 위력을 체감하는 것이고 또 잠재적 힘이 감춰져 있는 것이기도 합니다. 하지만 베유가 여기서 이 단어로 무엇보다 권력을 지시한다고 여겨지고, 또 보다 적합한 단어를 찾기가 힘들어서, '권력'으로 옮겼습니다.
3 　창세기에 등장하는 야곱의 아들입니다.
4 　창세기 47장 13~26절.

모세는 알았습니다. 신이 도덕적인 내용의 계명들을 내린다는 것을. 이는 놀랍지 않습니다. 모세가 "이집트의 지혜 속에서 교육을 받았기" 때문입니다. 모세는 신을 존재l'Être로 규정합니다. 이와 관련해 최초의 그리스도인들은 설명합니다. 모세와 플라톤의 가르침이 유사한데, 모세가 이집트를 통해 플라톤에게 영향을 미친 것이라고. 오늘날엔 누구도 이 설명을 받아들이지 않습니다. 그렇다고 다른 설명을 제시하지도 않지요.

하지만 올바른 설명이 어떤 건지는 명백합니다. 즉 플라톤과 모세 모두 "이집트의 지혜 속에서 교육을 받았다"는 것이 그것입니다. 만에 하나 플라톤이 그렇지 않았다면 적어도 피타고라스[5]는 그렇습니다. 게다가 헤로도토스가 말합니다. 헬라스인들〔고대 그리스인들〕의 모든 종교적 생각은 페니키아인들〔가나안인들〕과 펠라스고이인들[6]을 매개로 이집트에서 전해진 것이라고.

그런데 플라톤(그리고 그 이전엔 피타고라스와 그 밖에 많은 사람)은 모세보다 더 많은 교육을 받았습니다. 그 근거는 플라톤이 존재l'Être가 가장 높은 것이 아님을 알고 있었다는 것입니다. 즉 존재 위에 절대선이 있고, 신은 스스로 존재하는

5   기원전 570?~490? 그리스의 수학자이자 철학자. 공동체를 만들고 새로운 삶의 방식을 실천했습니다. 김인곤 외 7인이 번역한 『소크라테스 이전 철학자들의 단편 선집』(아카넷, 2005)에 그의 단편斷篇들과 해제가 실려 있습니다.
6   헬라스인 이전에 그리스 지역에 살던 선주민들입니다.

존재이기에 앞서 절대선이라는 것입니다.

모세에게서 자애의 계율들은 드뭅니다. 게다가 그것들은 소름 끼치게 잔혹하고 불의한 수많은 계명에 둘러싸여 있습니다. 바빌론 유수幽囚 이전의 구약에서 신은 줄곧 권력의 속성으로 뒤덮여 있습니다(그럴 가능성은 작지만, 만일 다윗의 시편이나 욥기, 아가가 유수 이전이라면 예외로 쳐야겠지요).

'이방인들'은 알고 있었습니다. 신이 순수한 선의 존재로서 사랑을 받으려면 권력의 속성들을 버려야 한다는 것을. 이집트 테베에선 이런 말이 전해집니다. 즉 제우스가 그의 얼굴을 보게 해 달라고 집요하게 간청하는 사람을 마다할 수 없어 숫양의 목을 잘라 그 가죽을 쓰고 나타났다는 것입니다.[7] ("천지 창조 때부터 목이 잘린 어린 양"을 참조하세요.[8]) 테베 사람들이 헤로도토스에게 확인해 준 바에 따르면,[9] 이 전승은 기원전 17600년으로까지 거슬러 오릅니다.[10] 오시리스는 수난을 당합니다. 신의 수난은 이집트에서 비전秘傳의 대상입니다. 디오뉘소스[11]와 페르세포네[12]가 오시리스와 동일한 존재

---

7 헤로도토스, 『역사』(천병희 옮김, 숲, 2011), 2권 42장. 배유는 뒤에 실린 「노아의 세 아들과 지중해 문명사」 43쪽에서 이 얘기를 하면서 신을 희생당한 양과 동일시합니다.

8 요한 묵시록 13장 8절.

9 헤로도토스, 『역사』, 2권 46장.

10 같은 책, 2권 43장.

11 포도나무와 포도주의 신으로 제우스와 세멜레의 아들입니다. 하지만 페르세포네, 데메테르, 이오 등의 아들로도 전해집니다.

인 그리스에서도 그렇습니다.

그리스 사람들은 믿었습니다. 불행한 사람이 자비를 간청할 때 제우스 자신이 그 사람 안에서 간청한다고. 그리스 사람들은 이와 관련해 "간청하는 사람들을 보호하는 제우스"가 아니라 "간청하는 제우스"를 말합니다. 아이스퀼로스는 이렇게 말합니다.

고난받는 사람들의 고통에 연민을 갖지 않는 사람은 누구나 간청하는 제우스를 공격하는 것입니다.[13]

이는 "제가 배가 고팠을 때 당신은 제게 먹을 것을 주지 않았습니다"[14]라고 한 그리스도의 말을 닮았습니다. 아이스퀼로스는 또 말합니다.

---

12 제우스와 데메테르의 딸로, 저승의 신 하데스에게 납치되고 그와 결혼해서 저승의 여왕이 됩니다. 제우스가 하데스와 타협해서 페르세포네는 1년의 8개월은 이승에서, 4개월은 저승에서 보냅니다. 그녀가 지상에서 보내는 8개월 동안 대지가 소생해서 초목과 곡물이 생장하고 영급니다.

13 아이스퀼로스, 『간청하는 여인들』, 385~386행. 베유는 몇 달 전에 쓴 「그리스도교 이전의 직관들」(『전집』 IV-2권, 갈리마르, 2009) 243쪽에서 그리스어 원문을 제시하면서 이 문장을 여기와는 다소 다르게 번역하고, "간청하는 제우스"라는 표현은 똑같이 사용했습니다. 천병희 선생님은 자신의 번역본(『아이스퀼로스 비극 전집』, 숲, 2008)에서 이 부분을 "탄원자의 신이신 제우스"라고 번역하셨습니다.

14 마태오 복음 25장 34~46절.

간청하는 제우스의 분노보다 죽어야 할 존재들에게 더 두려운 것은 없습니다.[15]

하지만 우리는 "간청하는 야훼"와 같은 표현은 결코 상상할 수 없습니다.

헤로도토스는 수많은 고대 그리스 민족과 아시아 민족을 언급하지요. 하지만 그 가운데 단 한 민족만이 "전쟁의 신 제우스"를 찬양합니다.[16] 그 밖의 다른 모든 민족은, 히브리 민족과 달리, 전쟁 행위를 최고신에게 귀속시키길 거부합니다.

모세는 틀림없이 알았을 겁니다. 제우스와 숫양에 관한, 그리고 오시리스의 대속代贖하는 수난에 관한 이집트의 전승들에 대해서 말입니다. 하지만 그는 이 가르침을 거부합니다.

그 이유를 이해하기는 쉽습니다. 그는 무엇보다 국가의 설립자였던 것이지요. 리슐리외가 아주 잘 말했듯, 영혼의 구원은 저승의 일이고 국가의 구원은 이승의 일입니다.[17] 모세는, 세속적인temporelles 약속들을 하는 권력자 신이 보낸 존재

15　아이스퀼로스, 『간청하는 여인들』, 478~479행. 베유는 「그리스도교 이전의 직관들」 243쪽에서 이 문장도 그리스어 원문을 제시하며 다르게 번역했고 "간청하는 제우스"라는 표현은 똑같이 사용했습니다. 천병희 선생님은 이곳을 비롯한 몇몇 곳에서 "탄원자의 보호자인 제우스"라고 번역하셨습니다.

16　헤로도토스, 『역사』, 5권 119장. "단 한 민족"이란 소아시아의 카리아 민족입니다.

17　『전집』의 편집자 주에 따르면, 『리슐리외 추기경 전집』에 실린 「정치적 유언」에 나오는 말입니다.

처럼 보이고 싶어 했습니다. 그런데 이스라엘에 대한 야훼의 약속은 "이 모든 왕국을 당신에게 주겠다"고 그리스도에게 말한 마귀의 약속과 똑같은 것입니다.

히브리 민족은 항상 동요합니다. 수많은 민족에게 속하는 여러 민족신 가운데 한 민족신인 야훼와 우주의 신 야훼 사이에서. 이 두 개념의 혼합은 민족 전체가 열망하는 세계적 제국에 대한 약속을 감추고 있습니다.

사제들과 바리새인들은 그리스도를 죽입니다. 바로 정치가의 관점을 지니고서 말입니다. 그 시점에 그리스도의 영향력은 민중들을 흥분시켜 로마에 맞선 봉기를 일으키게 하거나 적어도 로마인들이 우려하는 소요를 촉발할 수 있는 두려운 것이었기 때문입니다. 하지만 그리스도는 로마의 가혹한 탄압에 맞서 팔레스타인 사람들을 보호하기엔 명백히 무능력해 보이기도 했습니다. 사람들이 그리스도를 죽인 건 그가 오직 선만을 행했기 때문입니다. 만일 한마디 말로 수만의 사람을 죽였더라면, 사제들과 바리새인들은 그를 메시아로 찬양했을 겁니다. 몸이 마비된 사람이나 청각 장애인을 치유한다고 해서 피정복 민족을 해방할 수는 없는 것입니다.

유대인들은 자신의 고유한 전통의 논리 속에서 그리스도를 십자가에 매단 것입니다.[18]

18 『전집』의 편집자 주에 따르면, 베유는 마르세유에서의 노트들이 실린 『전집』 VI-3권(갈리마르, 2002) 243쪽에서 유대인들에 대해 "눈멂을 위해 선택된 민족, 그리스도의 살해자로 선택된 민족"이라고 합니다.

이스라엘에 대한 헤로도토스의 수수께끼 같은 침묵[19]은 어쩌면 다음의 추정을 통해 설명될지도 모르겠습니다. 즉 신의 매개적 역할과 수난에 대한 이집트의 인식을 이스라엘이 거부한 게 고대인들에겐 스캔들이었으리라는 것. 기원후 6세기에 살았던 어쩌면 그리스도인이었을 이집트인 논노스Non-nos는 가르멜산 남쪽의 어떤 민족이 무장도 하지 않은 디오뉘소스를 배신하고 공격해서 홍해로 도피하게 했다고 합니다.[20] 그 민족은 틀림없이 이스라엘 민족이었을 것입니다. 『일리아스』에서도 이 공격을 암시하는데, 지리적 사항은 밝히지 않았습니다.

선택된 민족이라는 개념 자체가 진정한 신에 대한 앎과 배치되는 것입니다. 그것은 사회적 우상 숭배, 가장 나쁜 우상 숭배입니다.

만일 이스라엘이 선택되었다면, 그것은 단지 다음과 같은 뜻에서입니다. 즉 그리스도가 거기서 태어났다는 것. 그러나 또한 그리스도가 거기서 죽임을 당했다는 것. 그러므로 이스라엘이 선택되었다는 건 두 가지 뜻으로 동시에 이해될 수 있습니다. 즉 예수를 양육하라고 요셉이 선택되었다는 것과 예

<hr />

19   베유는 뒤에 실린 「노아의 세 아들과 지중해 문명사」 58쪽과 「쿠튀리에 신부에게 보내는 편지」 139쪽에서도 이에 대해 말합니다.

20   『전집』의 편집자 주에 따르면 논노스, 『디오뉘소스 이야기』Dyonysiaques, 노래 XX, 298행에 따른 것이고 그 외에도 146~153행과 325~353행을 참조하라고 합니다.

수를 배반하라고 유다가 선택되었다는 것. 그리스도는 이스라엘에서 제자들을 기르지만, 인내심을 갖고 3년을 가르쳤음에도 제자들은 그를 떠나갑니다. 에티오피아의 환관은 이 모든 걸 몇 분 안에 이해했습니다.[21] 이는 놀라운 일이 아닙니다. 헤로도토스에 따르면, 에티오피아에선 오직 제우스와 디오뉘소스만을 신으로 찬양했기 때문입니다.[22] 즉 아버지와 아들만을 신으로 찬양했다는 것이고, 그 아들은 지상에서 여자의 몸에서 태어나서, 고난 속에서 죽은 뒤, 자신을 사랑하는 사람들을 구원합니다. 그러니 에티오피아의 환관은 모든 것에 준비가 되어 있었던 것입니다.

그리스도교 안에서 구약이 고취한 것들은 모두 나쁜 것입니다. 무엇보다 우선 이스라엘의 성스러움이라는 관념을 본뜬 교회의 성스러움이라는 관념이 그렇습니다.

우리가 거의 아무것도 모르는 최초의 몇 세기 이후, 적어도 서방에서 그리스도교는 그리스도 자신이 제일 중요하다고 여긴 것과 관련해 그의 가르침을 팽개치고 이스라엘의 잘못들로 회귀합니다.

성 아우구스티누스는 말합니다. 어떤 불신자가 벌거벗은 사람에게 옷을 입혀 주고 또 고문을 받으면서도 거짓 증언하기를 거부하더라도, 그건 올바른 행위가 아니라고. 신이 그를 통해 선한 일을 펼치더라도 그렇다고. 아우구스티누스는 또

---

21   사도 행전 8장 26~40절에 나오는 이야기입니다.
22   헤로도토스, 『역사』, 2권 146장.

말합니다. 불신자나 이교도처럼 교회 바깥에 있는 사람이 잘 살더라도, 그건 잘못 들어선 길을 잘 달리는 것과 같다고.[23]

이런 게 바로 교회를 대상으로 한 사회적 우상 숭배입니다. (만일 제가 아우구스티누스가 되느냐, 아니면 벌거벗은 사람에게 옷을 입혀 주는 등의 일을 하면서 또 다른 사람들이 그런 일을 하면 찬미하는 '우상 숭배자'가 되느냐를 선택할 수 있다면, 저는 기꺼이 '우상 숭배자'가 되는 운명을 선택할 겁니다.)

그리스도는 아우구스티누스가 말한 것과 정확히 반대되는 걸 가르칩니다. 그리스도는 말합니다. 마지막 날에 축복받는 사람들과 버림받는 사람들을 나누겠다고. 벌거벗은 사람에게 옷을 입혀 주었는지 아닌지 등등에 따라서. 그리고 그리스도가 "제가 벌거벗었을 때 당신이 제게 옷을 입혀 주었습니다"라고 말해 준 의로운 사람들은 "주님, 제가 언제 그랬습니까?"라고 대답합니다.[24] 게다가 사마리아인들과 이스라엘의 관계는 이교도들과 교회의 관계와 정확히 똑같습니다. 기절한 채 구덩이에 던져진 불행한 사람의 이웃은 사제도 아니고 레위 사람도 아닌 사마리아인입니다.[25] 결국 무엇보다 그리스도는 나무를 보면 열매를 안다고 말하지 않았습니까(아우구스티누스는 마치 그리스도가 그렇게 말한 것처럼 사고합

---

23   『전집』의 편집자 주에 따르면, 아우구스티누스가 쓴 『펠라기우스에 반대하여, 좋은 삶을 사는 이교도들』에 나오는 말입니다.

24   마태오 복음 25장 35~37절과 44절.

25   루가 복음 10장 29~37절.

니다). 그리스도가 말한 건 열매를 보면 나무를 안다는 것이었습니다.[26] 그 문맥에 따르면, 용서받을 수 없는 유일한 죄, 즉 성령을 거역한 죄는 선으로 드러난 것이 악에서 생겨났다고 말하는 것입니다.[27] 사람들은 신의 아들을 모독할 수도 있고, 선을 식별하지 못할 수도 있습니다. 하지만 어딘가에서 선을 식별했다면, 그 선이 악에서 생겨났다고 확언하는 건 용서받을 수 없는 죄입니다. 선은 선만을 지어내고, 악은 악만을 지어내기 때문입니다. 선이 행해지는 모든 경우와 모든 곳에서 무조건적이고 아무런 제한 없이 선을 사랑할 준비가 되어 있는 게 그리스도가 제시하는 공정성입니다. 만일 모든 선이 선에서 비롯된다면, 참되고 순수한 모든 선은 신으로부터 초자연적으로 비롯되는 것입니다. 이유는 이것입니다. 자연은 좋은 것도 나쁜 것도 아니라는 것, 또는 동시에 그 둘 다라는 것, 그러므로 좋게 사용해야만 좋은 것이라는 것. 반면, 모든 진정한 선은 신적이고 초자연적인 기원을 갖습니다. 오직 좋은 열매만 맺는 좋은 나무는 은총을 나누어 주는 신입니다. 선이 있는 모든 곳엔 신과의 초자연적인 접촉이 있습니다. 그 선이 아프리카 한가운데서 물신주의적 식인종 부족이 행한 것이더라도 말입니다.

물론 눈에 띄는 선들 가운데 많은 것이 진정한 선이 아닙니다. 예컨대 로마의 미덕들이나 코르네유〔프랑스 극작가,

---

26 마태오 복음 12장 33절.
27 마태오 복음 12장 22~32절.

1606~1684)가 말하는 미덕들은 결코 미덕이 아닙니다.

하지만 오른손이 하는 걸 왼손이 모르게 불행한 사람들을 돕는 사람에겐 신이 현존합니다.

만일 그런 사람에게서처럼 히브리 민족 안에 신이 현존했다면, 히브리인들은 차지하려던 땅의 주민들을 모조리 죽여 자유를 얻기보다는 차라리 이집트인의 지배를 받는 노예로 남아 고통받는 것―이는 그들이 먼저 행한 약탈이 초래한 것입니다―을 택했을 겁니다.

가나안 주민들의 악습은 구실이 될 수 없습니다. 그 악습이 날조된 게 아니었더라도, 살인자들이 내세우는 이유를 희생자들에 맞서 받아들일 수는 없으니까요. 더욱이 그 악습들이 히브리인들에게 피해를 끼친 것도 아니었습니다. 아무도 히브리인들에게 심판관 역할을 맡기지 않았지요. 또 그들이 가나안 사람들의 심판관이었더라도, 가나안 땅을 탈취할 수는 없습니다. 유죄 선고를 받은 피고의 재산을 판사가 가로챌 수는 없으니까요.

모세의 말에 관해 히브리인들은 말합니다. 신이 자신들에게 그 계명들을 모두 주었다고. 하지만 증거는 이적異蹟들밖에 없습니다. 그런데 어떤 계명이 정의롭지 못하다면, 그것이 신에게서 온 것임을 이적이 받아들이게 할 수는 없습니다. 더욱이 모세의 권력은 이집트 사제들의 권력과 같은 성격의 것입니다. 정도의 차이만 있을 뿐.

야훼는 역사의 이 대목에서 이집트 신들보다 훨씬 강력한 히브리 민족신으로 등장합니다. 야훼는 파라오에게가 아니라 오직 히브리인들에게 자신을 찬양하라고 합니다.

역대기(하) 18장 19절엔 이런 말이 나옵니다.

영원한 존재가 말했습니다. "누가 이스라엘 왕 아합을 꾀어
내려 가겠는가? 〔…〕" 한 영Esprit이 앞에 나와 대답했습니
다. "제가 가겠습니다. 제가 거짓말하는 영이 되어 그의 모
든 예언자의 입속에 들어가겠습니다."

이것이 구약의 모든 고유성의 열쇠입니다. 히브리인들은,
바빌론 유수로 인해 칼데아,[28] 페르시아, 그리스의 지혜와 접
하기 이전에는, 신과 악마에 대한 구별의 관념이 없었습니다.
히브리인들은 자연 바깥의extra-naturel 모든 것, 즉 악마적인
것과 신적인 것을 모두 무분별하게 신에게 귀속시킵니다. 이
유는 그들이 신을 선의 속성이 아닌 권력puissance의 속성을
통해 파악하기 때문입니다.

성 루가는 마귀가 그리스도에게 한 말을 이렇게 전합니다.

저는 당신께 저 왕국들의 모든 권력과 영광을 드리겠습니
다. 저 왕국들은 제가 받은 것이니, 저 자신이건 누구건 제 마
음에 들면 줄 수 있습니다.[29]

---

28 애초엔 바빌로니아 남부를 지칭했고 기원전 7~6세기
이후엔 바빌로니아와 동의어로도 쓰였습니다.
29 루가 복음 4장 6절.

우리는 이 말에 따라 다음처럼 믿을 수밖에 없습니다. 구약에 나오는 정복과 약탈의 명령들과 세속적 약속들은 신적인 원천이 아니라 악마적인 원천에서 비롯됐다고.

군이 쥐어짜자면 이렇게 말할 수도 있겠지요. 그리스 비극에서 즐겨 사용했던 칼랑부르calembour[30]에 거의 비견할 만한 운명의 여러 아이러니 가운데 하나가 생겨난다면, 그 약속들은 문자 그대로의 뜻에선 악의 권력에서 유래하고, 숨은 뜻에서 신에게서 유래한 게 된다고. 그리스도의 전조前兆처럼 말입니다.

그리스의 신들에게서도 선악이 뒤섞여 있습니다. 『일리아스』에서 신들은 제우스를 제외하곤 모두 마귀 같았지요. 하지만 그리스 사람들은 신들을 진지하게 받아들이지 않았습니다. 『일리아스』에서 신들은, 셰익스피어의 광대들처럼, 코믹한 막간극들을 제공하지요. 반면, 유대인들은 여호와를 무척 진지하게 받아들입니다.

『일리아스』에선 신성에 대한 직접적인 가르침이 딱 한 군데 나옵니다. 그리스인들과 트로이아인들의 운명이 달린 황금 저울을 재는 제우스의 모습이 그것입니다. 제우스는 트로이아인들의 경건함 때문에 그들을 좋아합니다. 하지만 그리스인들에게 승리를 안겨 줄 수밖에 없었습니다.

이 장면만으로 『일리아스』는 구약의 모든 역사적 텍스트들보다 무한히 드높아집니다. 구약의 역사적 텍스트들은 전

---

30 동음이의어에 의한 말장난입니다.

쟁에서 이기려면 신에게 헌신해야 한다고 질리도록 반복하지요.

게다가『일리아스』같은 시는 진정한 자애심 없이는 결코 쓸 수 없는 것입니다.

어떤 젊은 여성이 결혼했습니다. 그녀의 친구들은 신혼부부의 침실에서 어떤 일이 벌어지는지 알 수 없습니다. 하지만 그녀가 임신한 걸 보고, 친구들은 그녀가 더 이상 처녀가 아님을 확신합니다. 마찬가집니다. 한 영혼이 신과 어떤 관계를 갖는지 그 누구도 알 수 없습니다. 하지만 신과의 사랑의 결합에 따른 변화로 지상의 삶이, 사람들과 사물들이, 어떻게 달라졌는지는 일정한 방식으로 알 수 있습니다.[31] 전쟁을 말하는『일리아스』저자의 방식은 드러내 줍니다. 그런 사랑의 결합이 그의 영혼을 통과했음을. 반면, 똑같은 지표가 드러내 줍니다. 구약의 역사적 텍스트들의 저자들과 관련해 그 반대의 사실을. 그 지표는 확실합니다. "열매를 보면 나무를 알 수 있으므로."

신들이 저질렀다는 간통에 대한 얘기들이 사람들의 음란성을 정당화하는 건 에우리피데스의 작품들 속에서만입니다. 에우리피데스는 회의주의자였지요. 아이스퀼로스와 소포클레스에게서 신들은 다만 선만을 고취할 뿐입니다.

반대로, 다음의 것은 확실합니다. 즉 히브리인들이 여호

---

31 이 이야기는『전집』VI-4권(갈리마르, 2006) 189~190쪽에도 나옵니다.

와의 명령에 따라 행한 것들은 대부분이 악이었다는 것.

바빌론 유수 이전엔 성서에 나오는 히브리인들 가운데 참혹한 일들로 삶이 오염되지 않은 사람이 한 명도 없었습니다. 처음으로 등장한 순수한 사람은 다니엘이었습니다. 그는 칼데아 사람들의 지혜(창세기에 따르면 함Cham에서 비롯된 메소포타미아 선사先史 시대 주민들로까지 틀림없이 거슬러 오르는)를 배웠던 것이지요.

"[…] 당신의 모든 힘을 다해 신을 사랑하세요"[32]라는 계명에도 불구하고, 우리는 유수 이후의 것이 확실하거나 아마도 그럴 텍스트들에서만 신에 대한 사랑을 느낄 수 있습니다. 중요한 것은 권력이었지 사랑이 아니었습니다.

구약의 가장 아름다운 문단들에서조차 신비적인 관조contemplation의 징후들은 찾아볼 수 없습니다. 물론 아가雅歌를 제외하고선 말입니다.

반면, 그리스에서는 그런 내용들이 넘쳐 납니다. 예컨대 에우리피데스의 『힙폴뤼토스』가 그렇습니다. 또 아이스퀼로스는 이렇게 말합니다.

마음이 제우스에게로 가는 사람은 누구나 그를 찬양합니다.
그런 사람은 지혜로 가득 차게 될 것입니다.
제우스는 사람들에게 지혜의 길을 열어 주었지요.

---

32 신명기 6장 4~5절, 마태오 복음 22장 37절, 마르코 복음 12장 28~31절.

'고통을 통해 얻는 앎'이라는 최고의 법칙에 따라서요.
아픈 기억인 고통은 잠잘 때 가슴께로 스며듭니다.
그래서 지혜를 원하지 않는 사람에게도 지혜가 주어지지요.
그것은 신이 주는 험난한 은총입니다.[33]

"고통을 통해 얻는 앎"이라는 표현은 프로메테우스—이 이름은 '앎을 위해'(또는 '섭리')를 뜻합니다—의 이야기를 떠올리게 하는 것으로, 다음의 것을 뜻하는 듯합니다. 즉 십자가의 요한이 신적 지혜의 비밀 속으로 들어가려면 그리스도의 십자가를 거쳐야만 한다고 하면서 말하려 했던 것 말입니다.

소포클레스의 『엘렉트라』에서 오레스테스와 엘렉트라의 재회는 '어둔 밤'[34]의 시기를 통과한 뒤 영혼과 신이 신비적 상태에서 나누는 대화를 닮아 있습니다.

그리스도교의 성립보다 앞선(그 가운데 어떤 것들은 다섯 세기를 앞섰습니다) 중국의 도교 텍스트들은 그리스도교 신비주의자들의 가장 심오한 글들에 담긴 것과 똑같은 생각들을 담고 있습니다. 특히 신적인 행위를 무위無爲의 행위로 여기는 관념이 그렇지요.

마찬가지로 그리스도교 성립보다 앞선 힌두교 텍스트들

---

33 아이스퀼로스, 『아가멤논』, 173~183행.
34 십자가의 요한이 『어둔 밤』(방효익 옮김, 기쁜소식, 2012)에서 사용한 표현입니다. 오염된 영혼이 신과의 일치를 향해 나아가면서 자신을 정화할 때 거쳐야 하는 고통스러운 시기를 일컫습니다.

은 특히 하인리히 조이제Heinrich Seuse[35]나 십자가의 요한 같
은 신비주의자들의 가장 탁월한 생각들을 이미 담고 있습니
다. 무엇보다 '아무것도 아님'rien, '무'néant, 부정否定의 방식을
통해 신에 가닿기, 영혼과 신의 완전한 결합 상태 등에 대한
생각들이 그런 것들입니다. 십자가의 요한이 말하는 영적 결
혼이 종교적 삶의 가장 높은 형태라면, 힌두교의 성스러운 텍
스트들은 히브리의 텍스트들보다 무한하게 더 그런 지위를
갖습니다. 게다가 그 양식들formules이 너무도 많이 유사하기
때문에, 힌두교가 그리스도교 신비주의자들에게 직접적인
영향을 미치지는 않았을까 하는 생각이 듭니다. 어쨌거나 중
세의 신비주의적 사고에 아주 큰 영향을 끼친 디오뉘시우스
아레오파기타Dionysios Areopagita[36]가 썼다고 하는 글들은 틀
림없이 부분적으로나마 인도의 영향을 받은 것입니다.

　그리스 사람들은 성 요한이 가장 중요한 진실로 여긴 "신
은 사랑"임을 알고 있었습니다. 클레안테스Kleanthes[37]가 쓴

35　1295~1366. 스위스 출신 독일 신비주의자입니다. 주조
또는 수조Suso라고도 하고, 마이스터 에크하르트의 제자입니다.
베유는 『전집』 VI-1권(갈리마르, 1994)과 VI-4권에 실린 노트들에
조이제의 『진실의 책』을 발췌해서 적습니다. 윌리엄 제임스는
『종교적 경험의 다양성』(김재영 옮김, 한길사, 1999)에서 지나친
고행을 일삼은 조이제를 비판합니다(390~393쪽).

36　5세기 말부터 6세기 초까지 활동한 그리스 출신
그리스도교 신비주의자입니다. 1세기경 바울이 전도한
그리스인과 이름이 같아 僞-디오뉘시우스라 불립니다.
『신비신학』(김재현 옮김, 키아츠, 2022)과 『천상의 위계』(김재현
옮김, 키아츠, 2011) 등의 저술이 있습니다.

『제우스 찬가』에는 헤라클레이토스[38]의 삼위 일체가 등장합니다. 첫째로는 제우스, 둘째로는 "고귀한 탄생으로 인해 모든 사물에 관철되는 최고의 왕"인 로고스, 셋째로는 영원히 살아 제우스에게 봉사하고 그것을 통해 제우스가 로고스를 우주에 보내는 천상의 불이 그것입니다. 『제우스 찬가』를 인용해 봅니다.

당신에게 이 우주는 [⋯]
복종합니다. 당신이 어디로 이끌건 간에. 그리고 우주는 당신의 지배에 동의합니다. 이는 당신의 무적의 손 아래 놓인 봉사자의 덕목입니다. 당신의 손은 양날의 칼을 갖춘, 영원히 사는, 번개와도 같은, 불 속에 있습니다.[39]

우주는 신에 대한 복종에 동의합니다. 달리 말하자면, 우주는 사랑으로 복종합니다. 플라톤은 『향연』에서 사랑을 동의로 정의합니다.

---

37 기원전 331?~232? 제논의 제자이고 스토아 학파의 수장이었습니다.
38 기원전 540?~480? 소크라테스 이전의 그리스 철학자. 모든 사물에 관철되는 불변의 로고스와 사물의 생성과 변전의 원인인 불의 운동이 그의 중요 개념입니다. 『소크라테스 이전 철학자들의 단편 선집』에 그의 단편들과 해제가 실려 있습니다.
39 클레안테스, 『제우스 찬가』, 7~8행.

사랑은 어떤 일을 겪더라도 폭력 없이 겪습니다. 폭력은 사랑을 결코 장악할 수 없기 때문입니다. 또 사랑은 무얼 하더라도 폭력 없이 합니다. 모든 사람은 어떤 일에서건 사랑에 복종하는 데 동의하기 때문입니다.[40]

우주 속에 이처럼 동의한 복종을 불러일으키는 건 성령을 대변하는 번개의 덕목입니다. 신약에서 성령은 언제나 불 또는 칼의 형상으로 나타납니다. 그래서 최초의 스토아 철학자들은 이렇게 생각합니다. 만일 바다가 자신의 한계 속에 머문다면, 그 이유는 신의 권력 때문이 아니라, 자신의 미덕으로 물질과도 소통하는 신의 사랑 때문이라고. 아시시의 프란체스코의 영성이 그런 것입니다. 『제우스 찬가』는 그리스도교가 성립하기 세 세기 전의 것이고, 기원전 6세기 사람인 헤라클레이토스의 영향을 받았고, 어쩌면 그보다 훨씬 오랜 것에서 영감을 받았을 겁니다. 이를테면 양날 도끼를 든 제우스를 새긴 크레타섬[41]의 수많은 부조浮彫에서 표현된 것을 통해서 말입니다.

예언들에 관해서라면, 히브리 민족보다는 오히려 '이민족들'에서 훨씬 명확한 것들을 찾을 수 있을 것입니다.

프로메테우스는 시간과 공간이 규정되지 않은 그리스도

40　플라톤, 『향연』, 196b~c.
41　제우스가 태어난 곳이라고 합니다. 제우스와 에우로파 사이에 태어난 미노스의 이름을 딴 미노아 문명이 기원전 2000년대부터 기원전 1200년경까지 번성했던 곳입니다.

입니다.[42] 영원 속으로 투사投射된 그리스도의 이야기라고나 할까요. 그는 지상에 불을 가져다주러 왔습니다. 불이란 성령입니다. 여러 텍스트에서 말해 주듯이요(『필레보스』,[43]『결박된 프로메테우스』,[44] 헤라클레이토스,[45] 클레안테스[46]). 프로메테우스는 사람들의 죄를 없애 주는 존재입니다. 그는 넘쳐흐르는 사랑으로 인해 기꺼이 고난과 모멸을 당하지요. 제우스와 프로메테우스의 표면적 적대 배후에는 사랑이 있습니다. 이런 이중적 관계는 복음서에서도 아주 간략히 제시됩니다. "저의 신이시여, 왜 저를 버리시나요?"[47]와 특히 "저를 당신〔빌라도〕에게 넘긴 사람이 당신보다 더 죄가 큽니다"[48]라는 말을 통해서 말입니다. 그 존재는 문맥을 통해 볼 때 신일 수

---

42 베유는 『전집』VI-4권 224~225쪽에 실린 노트에서 프로메테우스를 그리스 기하학에서 비례 중항中項, 페르세포네, 오시리스, 디오뉘소스, 아티스, 아도니스 등과 함께 그리스도의 형상으로 제시합니다.

43 플라톤, 『필레보스』, 16c.

44 아이스퀼로스, 『결박된 프로메테우스』, 252행.

45 『전집』의 편집자 주에 따르면, 베유는 『전집』 VI-3권 43쪽에 실린 노트에서 이렇게 말합니다. "초자연적 에너지는 영Esprit입니다. 복음서 속에서 그 이미지는 불이지요. 헤라클레이토스에 따르면, 번개와 불은 성령의 이미지입니다."

46 『전집』의 편집자 주에 따르면, 베유는 『전집』 VI-2권(갈리마르, 1997) 455쪽에서 『제우스 찬가』 7~14행을 인용하면서, "번개는 성령의 상징입니다. 이 행들은 삼위 일체를 담고 있습니다"라고 주해합니다.

47 마태오 복음 27장 46절.

48 요한 복음 19장 11절.

밖에 없습니다.

죽고 부활해서 식물의 종자種子로 나타난 페르세포네나 아티스[49] 같은 신들은 그리스도의 형상을 갖습니다. "만일 밀알이 떨어져 죽지 않으면…"이라는 말을 통해 그리스도는 그런 닮음을 증언합니다.[50] 그리스도는 또한 디오뉘소스에 대해서도 이를 증언합니다. "저는 진짜 포도나무입니다"라는 발언을 통해.[51] 자신의 모든 공적 삶을 물에서 포도주로의 첫 번째 기적적 탈바꿈과 포도주에서 피로의 두 번째 기적적 탈바꿈 사이에 놓음으로써.

그리스 기하학은 예언입니다.[52] 많은 텍스트가 입증해 줍니다. 그리스 기하학은 애초에 종교적 진실과 관련된 상징적 언어였음을. 아마도 그 때문에 그리스인들은 기술적인 응용엔 불필요한 논증적 엄밀함을 도입했을 것입니다. 『에피노미스』는 기하학의 중심 개념이 "서로 성격이 다른 수들을 같은 성격으로 만드는"[53] 매개médiation임을 드러냅니다. 원 안에 정삼각형을 그려 넣어 1과 비非제곱수[54] 사이에 비례 중항을

49   강의 정령 나나가 편도나무 씨앗 또는 열매를 받아 낳은 아들입니다. 대모지신大母地神 키벨레의 미움을 받아 미쳐서 자신의 성기를 자르고 죽습니다. 그의 시체는 전나무가 되고 잘린 성기에서 흐른 피에선 제비꽃이 핍니다. 원래는 겨울에 죽었다가 봄에 부활하는 식물신이라고 합니다.

50   요한 복음 12장 24절.

51   요한 복음 15장 2절.

52   앞서 말했듯 베유는 그리스 기하학의 비례 중항을 그리스도의 형상으로 여깁니다.

설정하는 건 신과 사람 사이를 초자연적으로 매개하는 행위의 이미지입니다.[55] 플라톤은 여러 텍스트에서 이에 대해 말합니다. 그리스도는 이사야의 예언들 속에서와 마찬가지로 이런 이미지에서도 자신을 드러냅니다. 그 자신이 수학적 비례 관계를 지속적으로 사용한 일련의 발언을 통해 이를 입증합니다. "제 아버지가 저를 보낸 것처럼 저도 당신들을 보냅니다"라고 한 게 그런 것입니다.[56] 아마도 우리는 이런 형태의 발언들을 열두 개라도 인용할 수 있겠지요.[57]

53   플라톤, 『에피노미스』, 990d. 박종현 선생님은
『에피노미스』 번역본(『플라톤의 법률』, 서광사, 2009에 수록) 역주
85에서 이 문장이 유리수와 무리수의 관계에 대한 것이라고 하며,
기하학적 도형을 통해 무리수를 유리수와 같이 다룰 수 있게 된 걸
말한다고 합니다.

54   2×2, 3×3, 4×4 등의 수가 아닌 것. 즉 2, 3, 5, 6, 7, 8, 10, 11,
12 등으로 이어지는 수입니다.

55   신은 1, 사람은 비제곱수, 그 사이의 비례 중항이
그리스도라는 것입니다. 베유는 「그리스도교 이전의
직관들」(『전집』 IV-2권) 258쪽에서 정수整數 가운데 비례 중항을
통해 1과 연결된 4, 9, 16 등은 완전한 정의의 형상이고, 그 외의
나머지 수는 일반적인 사람들을 닮은 것이라고 합니다. 이때
"완전한 정의의 형상"은 그리스도의 형상을 뜻합니다. $a:b = b:c$에서 b가 비례 중항이라면, a는 신, b는 그리스도, c는 일반적인
사람들입니다.

56   요한 복음 17장 18절.

57   베유는 「그리스도교 이전의 직관들」 253~254쪽에서도
이런 형태의 다른 발언 세 가지를 그리스어 텍스트와 함께
제시합니다.

노아의 세 아들과 지중해 문명사[1]

노아와 그의 아들들에 관한 전승은 지중해 문명사에 밝은 빛을 비춰 줍니다. 하지만 히브리인들이 증오심을 갖고 덧붙인 내용을 거기서 도려내야 합니다. 히브리인들의 해석은 그 전승 자체에 낯선 것입니다. 이는 명확합니다. 그들은 함에게 과오를 떠넘깁니다.[2] 그러고선 함의 아들 가운데 가나안이 저주를 받도록 합니다.[3] 히브리인들은 자랑을 하지요. 여호수아가 자신들을 이끌고 가나안 땅에서 수많은 도시를 파괴하고 사람들을 몰살한 것을.[4] 자기 개를 물에 빠트려 죽이려는 사람

1   "Les trois fils de Noé et l'histoire de la civilisation méditerranéenne", *Œuvres complètes*, IV-1, Gallimard, 2008, pp.375~386. 1942년 4월 초반에 마르세유에서 쓴 원고입니다. 베유는 마르세유를 떠나기 전 페랭 신부에게 이 원고를 맡기고, 1950년 페랭 신부가 편집한 『신을 기다리며』에 실려 처음으로 출판됩니다. 『신을 기다리며』 한글판(이세진 옮김, 이제이북스, 2015)을 참조해서, 오역을 할 뻔한 두 곳을 수정했습니다. 이세진 선생님께 감사드립니다.

2   창세기 9장 22~25절. 함은 노아의 둘째 아들입니다. 다른 두 아들인 셈과 야벳 가운데 누가 첫째고 누가 막내인지는 논란이 있습니다.

3   창세기 9장 25~27절.

4   신명기 1장 38절, 3장 21~28절, 31장 3~23절, 34장 9절, 여호수아 1~12장.

은 그 개가 공수병에 걸렸다고 핑계를 댑니다. 이미 개를 물에 빠트려 죽인 사람은 더더욱 그런 핑계를 댑니다. 그러므로 사람들은 희생자를 음해하는 살인자의 증언을 받아들이지 않습니다.

야벳은 유랑하는 민족들의 조상입니다. 오늘날 인도-유럽 어족으로 칭해지는 민족들이 거기에 속합니다. 셈은 셈족, 히브리인, 아랍인, 아시리아인 그리고 몇몇 민족의 조상입니다. 오늘날엔 페니키아인〔가나안인〕도 거기에 포함시킵니다. 별로 타당해 보이지 않는 언어학적 이유로 말입니다. 어떤 사람들은 모든 걸 짊어져야 하는 죽은 자들에 대한 배려 없이, 당면한 목적에 따라 과거를 편집해서, 페니키아인들과 히브리인들을 동일시합니다. 하지만 성서의 텍스트들은 반대로 이 두 민족의 어떤 관련성도 암시하지 않습니다. 창세기에선 페니키아인들이 함에게서 유래했다고 합니다.[5] 오늘날 크레타인으로, 그리고 더 나아가 펠라스고이인으로도 여겨지는 펠리시테인들도 함에게서 유래했습니다.[6] 셈족이 침입하기 전의 메소포타미아 사람들도 그렇습니다. 바빌로니아인들이 그 문명을 이어받은 수메르인들이 아마도 그들일 것입니다. 히타이트인들과 이집트인들도 마찬가지로 함에게서 유래했

---

5 『전집』의 편집자 주에선 이 대목에서 샤를 오트랑Charles Autran(1879~1952)의 저술들, 특히『그리스도교 전사』La Préhistoire du christianism(Payot, 1941)의 영향이 느껴진다고 합니다.

6 『전집』의 편집자 주에선 이 문장에서도 샤를 오트랑의 영향이 느껴진다고 합니다.

습니다. 역사 시대 직전의 모든 지중해 문명이 함에게서 유래했습니다.[7] 그 목록은 모든 문명 민족의 목록입니다.

성서에선 말합니다.

〔…〕 영원한 존재는 사람의 가슴에서 생각들이 지어내는 게 반드시 언제나 악하기만 하다는 걸 보고 슬퍼했습니다.[8]

하지만 노아가 있었습니다.

그의 동시대인들 가운데 노아만 올바르고 나무랄 데가 없었습니다. 노아는 신을 뒤쫓아 행동했습니다.[9]

노아 이전엔, 인류가 생겨난 이래, 아벨[10]과 에녹[11]만이 올발랐습니다.

노아는 인류를 파멸에서 구했습니다. 그리스의 한 전승은

7 『전집』의 편집자 주에 따르면, 베유는『전집』VI-3권 287쪽에 실린 노트에 이렇게 씁니다. "메소포타미아, 페니키아, 펠리시데인들, 이집트는 함에게서 유래합니다."

8 창세기 6장 5~6절.『전집』의 편집자 주에 따르면, 베유가 마르세유 체류 시절에 산 히브리 성서(프랑스 랍비회, 1899년)에서 직접 번역한 것입니다.

9 창세기 6장 9절. 역시 베유가 히브리 성서에서 직접 번역한 것입니다.

10 아담과 하와의 둘째 아들입니다.

11 아담의 6대손입니다.

이 선행을 프로메테우스에게 돌립니다. 그리스 신화 속 노아인 데우칼리온은 프로메테우스의 아들이지요.[12] 그리스어에선 하나의 같은 단어[13]가 데우칼리온의 방주方舟를 뜻하기도 하고 또 플루타르코스가 말한,[14] 오시리스의 시신을 넣은 큰 궤를 뜻하기도 합니다. 그리스도교 전례에선 노아의 방주와 십자가를 일치시키기도 합니다.

노아는 디오뉘소스처럼, 아마도 최초로, 포도나무를 심었습니다.

그는 자신의 포도주를 마시고 취했습니다. 그래서 천막 가운데서 벌거벗고 누웠습니다.[15]

멜기세덱[16]의 손에도 포도주가 빵과 함께 쥐어져 있었습

---

12 그리스 신화에서 프로메테우스는 제우스가 대홍수를 일으키리라는 걸 미리 알고 아들 데우칼리온에게 큰 배를 만들어 대비하게 합니다. 그래서 데우칼리온은 아내 파라와 함께 유일하게 살아남아 새로운 인류의 조상이 됩니다.

13 『전집』의 편집자 주에 따르면, 라르나카larnaka라는 단어입니다.

14 『전집』의 편집자 주에 따르면, 플루타르코스는 『모랄리아』에서 이 단어를 사용합니다.

15 창세기 9장 21절.

16 멜기세덱에 대해선 아래에 인용된 창세기, 시편 그리고 히브리인들에게 보낸 편지 5~7장에서 언급된 내용이 전부를 이룹니다. 베유는 『전집』VI-4권 225쪽의 노트에서 멜기세덱을 노아, 프로메테우스, 디오뉘소스 등과 함께 그리스도의 형상으로 제시합니다.

니다. 멜기세덱은 정의와 평화의 왕이고 최고의 신을 섬기는 사제입니다. 아브라함은 멜기세덱에게 십일조를 바치며 복종했고, 멜기세덱은 아브라함을 축복했습니다.[17] 시편에선 이렇게 말합니다.

영원한 존재가 저의 영주에게 이렇게 말했습니다. "제 오른쪽에 앉으세요. (…) 당신은 멜기세덱이 정한 질서에 따라 영원토록 사제입니다."[18]

멜기세덱에 대해 사도 바울은 또 이렇게 말합니다.

평화의 왕입니다. 아버지도 어머니도 없고 족보도 없고, 태어난 적도 없고 삶이 끝나지도 않으며, 신의 아들과 동일시되고, 끊임없이 사제로 머무릅니다.[19]

반대로, 이스라엘 사제들에겐 의례를 행하는 동안 포도주가 금지됩니다. 그런데 그리스도는 공생애의 처음부터 끝까지 자신의 사람들과 함께 포도주를 마십니다. 그리스도는 스스로를 포도그루에 비유합니다. 포도그루는 그리스인들에겐 디오뉘소스의 상징적 거처였지요. 그리스도의 첫 번째 행적

17   창세기 14장 18~21절.
18   시편 110장 1~4절.
19   히브리인들에게 보낸 편지 7장 2~3절.

은 물을 포도주로 바꾼 것이고,[20] 마지막 행적은 포도주를 신의 피로 바꾼 것입니다.[21]

노아는 포도주를 마시고 취해 천막 안에서 벌거벗었습니다. 아담과 이브가 잘못을 범하기 전처럼 말입니다. 불복종의 범죄가 아담과 이브에게 몸에 대한 수치심, 그리고 더더욱 영혼에 대한 수치심을 불러일으킨 것이지요. 그들의 잘못을 공유하는 우리는 그들의 수치심 또한 공유합니다. 그리고 항상 많은 신경을 쓰지요. 우리의 영혼을 육체적이고 사회적인 생각들의 옷으로 두르려고 말입니다. 만일 그러지 않는다면, 우리는 수치심으로 죽을 것입니다. 하지만 우리가 플라톤을 믿는다면, 그 옷을 벗어야만 합니다. 플라톤은 이렇게 말하기 때문입니다. 즉 죽고 벌거벗은 심판관들은 그들의 영혼 자체로 역시 모두 죽고 벌거벗은 영혼 자체들을 관조한다고.[22] 오직 완전한 몇몇 존재만이 살아 있는 도중에, 여기 이곳에서 죽고 벌거벗을 수 있습니다. 아시시의 프란체스코가 그랬습니다. 그는 십자가에 매달린 그리스도의 벌거벗음과 가난에 대해 확고한 생각을 가지고 있었지요. 또 십자가의 요한도 그랬습니다. 이 세계에서 그가 욕망했던 건 영적인 벌거벗음뿐이었습니다. 이들이 벌거벗은 상태를 감내할 수 있었던 건 포도주에 취했었기 때문입니다. 제단에서 매일 흘러내리는 포도주

20   요한 복음 2장 1~11절.
21   마태오 복음 26장 27~28절, 마르코 복음 14장 23~24절, 루가 복음 22장 20절.
22   플라톤, 『고르기아스』, 523e.

에 취했던 것이지요. 그 포도주는 아담과 이브를 사로잡았던 수치심에 대한 유일한 치료제였습니다.

함은 벌거벗은 아버지를 보고 밖으로 나가 두 명의 형제에게 그걸 알렸습니다.[23]

그런데 셈과 야벳은 아버지의 벌거벗은 모습을 보려 하지 않았습니다. 그들은 덮을 것을 가져와 뒷걸음으로 다가가서 아버지를 덮었습니다.[24]

이집트와 페니키아는 함의 딸들입니다.[25] 헤로도토스는 많은 전승과 증언에 따라 종교의 기원을 이집트에서 찾고, 페니키아 사람들이 전파의 역할을 맡았다고 합니다.[26] 헬라스인들은 펠라스고이인들로부터 종교적 생각들을 전해 받았고, 펠라스고이인들은 페니키아인들의 매개를 통해 이집트의 거의 모든 걸 물려받습니다. 아래와 같이 에제키엘〔에스겔〕에 실린 빛나는 글들은 헤로도토스의 말을 확인해 줍니다. 여기서 티로Tyr〔레바논의 도시〕는 에덴에서 생명의 나무를 지키는 천사 게루빔에 비견되고, 이집트는 생명의 나무 자체에 비견됩니다. 그리스도는 이 생명의 나무를 천상의 왕국

---

23   창세기 9장 22절.
24   창세기 9장 23절.
25   창세기 10장 6절. 페니키아는 가나안의 그리스 명칭입니다.
26   헤로도토스, 『역사』, 2권 49~53장.

처럼 여깁니다. 그리고 그 나무의 열매는 십자가에 매달린 그리스도의 몸 자체입니다.

티로의 왕에게 애도의 노래를 부르세요. 당신은 그에게 이렇게 말해야 합니다. "〔…〕 당신은 완전한 옥새였어요. 〔…〕 당신은 신의 정원인 에덴에 있었어요. 당신은 〔…〕 보호자로 선택된 게루빔이었지요. 〔…〕 당신은 불타는 돌들 사이를 거닐었어요. 당신의 행실은 창조된 날부터 당신의 사악함이 드러나기까진 흠잡을 데 없었습니다." 〔…〕
파라오에게 말하세요. "당신〔이집트〕을 무엇과 비교할 수 있을까요?"라고. 〔…〕 그〔이집트〕는 아름다운 가지들을 지닌 삼나무였습니다. 그의 우듬지는 구름을 뚫고 올라갔지요. 물이 그를 자라게 했어요. 그 가지들엔 천상의 모든 새가 깃들었습니다. 잔가지들 아래로는 온갖 들짐승이 쉬었습니다. 그의 그늘 아래 모든 큰 민족이 거주했지요. 그는 그 크기로 인해, 길게 뻗어 나간 뿌리로 인해 아름다웠습니다. 뿌리가 넓은 물속에 잠겨 있었기 때문입니다. 〔…〕 신의 정원에서 어떤 나무도 그처럼 아름다울 수는 없었습니다. 〔…〕 신의 정원 안 에덴의 모든 나무가 그를 질투했지요. 〔…〕 나〔야훼〕는 그를 내쫓았습니다. 이방인들이, 가장 잔혹한 민족들이 그를 동강 내 집어던졌습니다. 〔…〕 그 폐허 위에 천상의 모든 새가 거주했지요. 〔…〕 나는 그의 장례를 이끌었습니다. 그〔이집트〕로 인해 나는 깊은 샘을 다시 덮었지요. 〔…〕 그를 위해 나는 레바논이 어둠에 잠기게 했습니다.[27]

큰 민족들이 다시 그 나무의 그늘 아래 머문다면 얼마나 좋을까요. 이집트 이후 우리는 다른 어떤 곳에서도 다시 찾을 수 없습니다. 사람을 위한 초자연적인 정의와 자비를 드러내는 이토록 가슴 후비는 따뜻함을 말입니다. 4,000년 전의 기록은 신의 입을 빌려 이렇게 말합니다.

저〔라Ra 신〕는 네 개의 바람을 창조했습니다. 모든 사람이 자신의 형제와 똑같이 숨을 쉴 수 있도록. 많은 물을 창조했습니다. 가난한 사람이 그의 영주와 똑같이 이용할 수 있도록. 모든 사람을 그의 형제와 똑같게 창조했습니다. 그리고 저는 그들이 불의한 일들을 하지 못하게 했습니다. 하지만 그들의 가슴은 저의 말들이 규정한 걸 훼손했지요.[28]

죽음은 부자건 불쌍하건 모든 사람을 영원한 신으로, 복권된 오시리스로 만들어 줍니다. 그들이 오시리스에게 이렇게 말할 수 있다면 말입니다.

27 에제키엘 28장 12~15절, 31장 2~9절, 12~13절, 15절. 『전집』의 편집자 주에 따르면, 이 인용문들은 앞서 언급된 히브리 성서에서 번역한 것입니다.

28 『전집』의 편집자 주에 따르면 『이집트 사자의 서』 125장에 나오는 글로, 베유가 제임스 헨리 브레스티드James Henry Breasted의 『의식의 새벽』*The Dawn of Conscience*(C. Scribner's Sons, 1935) 221쪽에서 발췌한 것입니다.

진실의 주님, 저는 당신께 진실을 전합니다. 저는 당신을 위해 악을 무찔렀습니다.

그리하여 그들은 다시 이렇게 말할 수 있어야 했습니다.

저는 명예를 얻으려고 제 이름을 앞세운 적이 결코 없습니다. 저를 위해 더 많은 노동을 하도록 사람들을 강요한 적이 없습니다. 주인이 어떤 노예도 징벌하지 않게 했습니다. 어떤 사람도 죽이지 않았습니다. 누구도 굶주리게 내버려 두지 않았습니다. 누구에게도 두려움을 불러일으키지 않았습니다. 누구에게도 눈물을 흘리게 하지 않았습니다. 큰 소리로 말하지 않았습니다. 올바르고 진실한 말들에 귀를 닫지 않았습니다.[29]

사람들에 대한 초자연적 연민은 다음과 같은 것일 수밖에 없습니다. 즉 수난Passion이라 표현된 신의 연민에 참여하는 것. 헤로도토스는 성스러운 장소[30]를 보았다고 합니다. 그곳에선 매년 둘레를 돌로 두른, 물이 가득한 연못 가까이서, 사람들이 비의秘儀, mystère라고 칭하는 축제가 열립니다. 그 축제는 신의 수난 장면을 재현했습니다.[31] 이집트 사람들은 알

---

29   앞서와 같이 『이집트 사자의 서』 125장의 글입니다.
30   사이스Sais(이집트의 도시)에 있는 아테나의 성역을 말합니다.
31   헤로도토스, 『역사』, 2권 170~171장.

았지요. 사람이 신을 볼 수 있는 건 오직 희생당한 양에서라는 것을. 헤로도토스의 말을 믿는다면 20,000년쯤 전에, 어쩌면 함의 손자인 니므롯[32]과 동일 인물인, 헤라클레스라는 이름의 성스럽고 어쩌면 신적인 사람이 신〔제우스〕의 얼굴을 마주보길 간청했습니다. 신은 원치 않았지만 간청이 하도 끈질겨서, 숫양을 죽여 가죽을 벗긴 뒤, 그 머리 가죽으로 얼굴을 가리고 모피를 입고서 모습을 드러냈습니다. 테베에선 이를 기념해 매년 한 차례 숫양을 죽여 제우스 신상神像을 그 가죽으로 덮습니다. 그동안 사람들은 숫양을 애도한 뒤, 신성한 무덤에 묻습니다.[33]

강력한 창조주 신과 다르면서도 같은 두 번째 신격神格의 앎과 사랑. 육화肉化를 통해 인간적 자연을, 매개하고 고통받으며 영혼을 속량하는 신적 자연과 결합시키면서, 우주 전체에 질서를 부여하고 사람들을 교육하는 지혜이자 동시에 사랑. 바로 이러한 것이 아름다운 나무〔이집트〕의 그늘, 즉 함의 딸인 민족의 그늘 아래서 여러 민족이 마주한 것입니다. 만일 그러한 것이 함이 목격한 벌거벗은 노아를 취하게 한 포도주라면, 노아는 아담의 아들들이 공유했던 수치심을 잊을 수 있었던 것입니다.

노아의 나체를 보길 거부했던 야벳의 아들인 헬라스인들은 아무것도 모른 채 그리스의 성스러운 땅에 도착했습니다.

32   창세기 10장 8~9절.
33   헤로도토스, 『역사』, 2권 42~43장.

헤로도토스와 많은 증언이 이를 입증합니다. 하지만 그들 가운데 제일 먼저 도착한 아카이아인들[34]은 그들에게 주어지는 정보를 탐욕스럽게 빨아들였습니다.

그래서 그들은 최고신과 다르면서도 같은 신을 수많은 이름 아래 감췄습니다. 하지만 선입견으로 눈멀지 않았다면, 우리는 그 이름들 아래서 그 신을 알아볼 수 있습니다. 종종 매우 명확한 많은 관계, 암시, 징후가 드러내 줍니다. 그것들 가운데 많은 이름이 오시리스의 이름과 같은 것임을. 그 가운데 몇 가지를 들자면 디오뉘소스, 프로메테우스, 에로스,[35] 천상의 아프로디테,[36] 하데스,[37] 코레,[38] 페르세포네, 미노스,[39] 헤

---

34 기원전 2000년경 그리스에 도래한 민족. 기원전 1500~1200년경 미케네를 중심으로 청동기 문화를 일구었습니다. 『일리아스』에 나오는 아카이오이족이 그들입니다.

35 에로스는 활과 화살을 든 벌거벗은 어린이의 모습으로 유명하고, 아프로디테의 아들로 알려져 있습니다. 하지만 「그리스도교 이전의 직관들」에서 베유는 플라톤의 『향연』 203b에 따라, 에로스를 아프로디테가 태어난 날 풍요의 신 포로스와 궁핍의 신 페니아 사이에서 잉태된 것으로 여깁니다. 베유는 에로스와 아프로디테가 "동일한 신격의 두 측면"을 이룬다고 하면서, "아프로디테는 신의 이미지이고 에로스는 매개자"라고 합니다. 또 "에로스는 궁핍의 신의 아들로 태어나길 원했는데, 그것은 바로 육화Incarnation"라고 합니다(『전집』 IV-2권, 206~207쪽).

36 미와 사랑의 여신입니다. 헤시오도스의 『신들의 계보』에 따르면, 크로노스에 의해 잘린 우라노스의 성기가 바다에 떨어졌고 거기서 나온 정액이 거품이 되어 아프로디테가 태어났습니다. 베유는 「그리스도교 이전의 직관들」 206쪽에서 이렇게 말합니다. "천상의 아프로디테는 신적인 아름다움입니다.

르메스,[40] 아폴론,[41] 아르테미스,[42] 세계 영혼 등이 그것들입니

아름다움은 선의 이미지이고, 선은 신이므로, 아프로디테 또한
말씀입니다."

37   하데스는 형제들인 포세이돈 및 제우스와 우주를
나누어 가질 때 저승을 차지합니다. 베유는 모두 저승의 신이라는
점에서도 하데스와 페르세포네를 오시리스와 동일한 존재로 보는
듯합니다.

38   페르세포네의 다른 이름입니다. 하지만 플루타르코스의
『영웅전』에선 하데스와 페르세포네의 딸이라고도 합니다.

39   베유는 「그리스도교 이전의 직관들」 153쪽에서
"제우스의 아들이고 죽은 자들의 심판관인 미노스는 고대에
오시리스, 디오뉘소스, 프로메테우스, 에로스, 헤르메스, 아폴론
및 수많은 다른 이름을 가졌던 그 유일한 존재입니다"라 하고,
미노스가 다이달로스를 시켜 만든 미궁(라비린토스)에 대해, 그
안에서 사람들은 길을 잃고 무력해지지만 "최종적으론 신이 그를
잡아먹으려고 기다리는 지점에 이릅니다"라고 합니다.

40   베유는 헤르메스가 신들의 전령이고 제우스의 명령을
전하는 존재라는 점에서 말씀과 동일한 존재로 보는 듯합니다.

41   제우스와 레토의 아들로 아르테미스의 쌍둥이
남매입니다. 베유는 플라톤의 『향연』 197a~b에 나오는
"아폴론은 궁술, 의술과 예언의 기법을 발명했는데, 욕망과
사랑이 그를 이끌었기 때문입니다. 그러므로 그 또한
에로스의 제자입니다"라는 말(베유는 「그리스도교 이전의
직관들」 199쪽에서 이 말을 그리스어에서 직접 번역합니다)과,
"아폴론은 죽은 자의 부활에 관해 제우스와 싸운 뒤 하늘에서
쫓겨나고, 지상으로 내려와 어떤 사람의 하인이 된다"는 신화에
근거해(「그리스도교 이전의 직관들」 243쪽) 아폴론을 오시리스와
동일한 존재로 보는 듯합니다.

42   제우스와 레토의 딸로 아폴론의 쌍둥이 남매입니다.
베유는 「그리스도교 이전의 직관들」 200쪽에서 "에로스는 모든
생명체의 탄생과 성장을 지어내는 역할로 인해 디오뉘소스와
아르테미스 그리고 더 나아가 오시리스와 가까워집니다"라고

다. 또한 널리 알려진 또 다른 이름들은 로고스, 말씀Verbe 또는 관계, 매개입니다.[43]

그리스 사람들은 또한 세 번째 신격, 즉 다른 두 신격 사이의 관계를 알고 있었습니다. 그 앎은 틀림없이 이집트에서 온 것인데, 그들에게 다른 원천은 없기 때문입니다. 이 세 번째 신격은 플라톤의 저술 여러 군데서 나오고, 그보다 앞서 헤라클레이토스에게서도 등장합니다. 헤라클레이토스에게서 영감을 받은 클레안테스의 『제우스 찬가』는 삼위 일체를 우리 눈앞에 들이밉니다.

〔…〕이는 당신의 무적의 손 아래 놓인 봉사자의 덕목입니다.
양날의 칼을 갖춘, 불로 이루어진, 영원히 사는, 번개〔…〕
당신은 그것을 통해 보편적 로고스를 곧바로 모든 사물에 관철시킵니다.
로고스는 고귀하게 태어난 우주 안의 최고의 왕입니다.[44]

합니다. 『전집』 IV-2권의 편집자는 이 문장에 주를 달아, 베유가 『전집』 VI-3권 235쪽에서 "에우리피데스의 『힙폴뤼토스』에서 아르테미스는 디오뉘소스와 동일한 존재인 것처럼 여겨집니다"라고 했다고 덧붙입니다.

43   베유는 『전집』 VI-4권의 224~225쪽에서 '그리스도의 형상들의 목록'을 제시하는데, 지금 여기의 것들과는 다소 차이가 납니다.

44   클레안테스, 『제우스 찬가』, 7~14행. 제우스, 로고스, 번개 같은 불(=봉사자)이 삼위 일체입니다.

또한 그리스인들은 이시스[45]와 동격인 여러 이름으로 칭해지던 어떤 여성적 존재를 알고 있었습니다. 어머니이자 처녀이고 항상 온전한intact, 신과 다르지만 신적인, 사람들과 사물들의 어머니, 매개자[46]의 어머니가 바로 그 존재입니다. 플라톤은 『티마이오스』에서 그 존재에 대해 말합니다.[47] 명료하게, 그러나 낮은 목소리로, 부드럽지만 두려움을 갖고서.

야벳과 셈에게서 유래한 다른 민족들은 뒤늦게, 그러나 열정적으로, 함의 아들들이 전하는 가르침을 받아들입니다. 켈트족이 그랬지요. 켈트족은 그들이 이주하기 전부터 갈리아[48]에 존재했던 드루이드〔드루이드교의 사제〕들의 독트린을 뒤쫓았습니다. 켈트족은 뒤늦게 이주했지요. 그리스의 어떤 전승은 갈리아의 드루이드들이 그리스 철학의 한 가지 원천이었다고 합니다. 그렇다면 드루이드교는 이베리아 지역들의 종교였을 겁니다. 드루이드교 독트린에 관해 알려진 아주 적은 내용은 피타고라스의 생각과 유사한 것들입니다.[49]

45 오시리스의 여동생이자 부인입니다.

46 여기서 매개자는 그리스도적인 존재들을 뜻합니다.

47 플라톤이 '수용자'라고 칭하는 존재입니다. 『티마이오스』, 48e~49a, 51a, 88d.

48 로마 제국 시대에 지금의 프랑스, 벨기에, 북이탈리아, 스위스와 독일의 서쪽 지대 등을 일컬었던 말입니다.

49 베유는 이 글 직후에 쓴 「피타고라스 학파의 독트린에 대하여」의 서두에서 이렇게 말합니다. "제가 보기에 또 다른 고대사 학자인 디오도르 드 시실Diodore de Sicile은 피타고라스 학파의 생각과 드루이드교 사이의 유사성을 암시합니다. 디오게네스 라에르티오스에 따르면, 몇몇 사람은 드루이드교를

다른 한편, 바빌로니아 사람들은 메소포타미아 문명을 받아들였습니다. 야만적 민족이었던 아시리아인들은 물론 귀를 막은 상태로 머물렀습니다. 로마인들은 영적인spirituel 모든 것에 대해서 귀를 닫고 눈을 감았습니다. 그리스도교의 세례를 통해 다소간 교화될 때까지 말입니다. 아마도 게르만 민족들이 초자연적인 것의 개념을 받아들인 것도 그리스도교적 세례를 통해서일 것입니다. 하지만 고트족[50]은 예외였지요. 정의로운 이 민족은 게르만계이면서도 트라키아[51]계였고, 게타이족[52]에 가까웠습니다. 유랑 민족인 게타이족은 불사不死와 저승의 관념에 광적으로 사로잡혀 있었습니다.

이스라엘은 초자연적 계시를 거부했지요. 이스라엘에 필요했던 건, 비밀스럽게 영혼에 말 건네는 신이 아니라 민족 전체에 대해 존재하면서 전쟁을 할 때 지켜 주는 신이었기 때문입니다. 이스라엘은 힘puissance과 번영을 원했습니다. 히브리인들은 이집트와 빈번하게 지속적으로 접촉했지만, 오시리

그리스 철학의 한 가지 원천으로 여깁니다"(『전집』 IV-2권, 244쪽). 『전집』의 편집자 주에 따르면, 베유가 참조한 라에르티오스의 책은 『유명한 철학자들의 생애와 사상』 I-1권이고 시실의 책은 『역사도서관』*Bibliothèque historique* V권입니다.

50　동東게르만계의 부족. 4세기에 아리우스파 그리스도교로 개종했습니다.

51　불가리아, 튀르키예, 그리스에 걸친 지역에 살던 민족. 디오뉘소스 신앙이 성행했습니다.

52　도나우 강변에 살던 트라키아 계열의 부족입니다. 이들의 신앙과 관련해선, 헤로도토스, 『역사』, 4권 93~96장과 5권 3~4장을 참조하시기 바랍니다.

스나 불멸, 구원에 대한 믿음, 그리고 자애를 통해 영혼이 신과 같아진다는 믿음을 받아들이지 않았습니다. 이런 거부로 인해 그들은 그리스도를 죽였습니다. 그런 거부는 그리스도가 죽은 뒤 이산離散과 끝없는 고난 속에서도 지속됐습니다.

하지만 이스라엘에도 때때로 빛이 스며들었습니다. 그리스도교가 예루살렘을 벗어날 수 있게 해 준 빛들이 그것입니다. 욥은 유대인이 아니라 메소포타미아 사람이었지만, 그의 놀라운 말들이 성서에 실렸지요. 거기서 욥은 '매개자'에 대해 말합니다. 신과 인간 사이의 최고 중재자 역할을 맡은 매개자 말입니다. 헤시오도스는 그 역할을 프로메테우스에게 맡겼지요.[53] 히브리인들 가운데 삶이 어떤 잔혹한 특성들로도 더럽혀지지 않은 최초의 인물인 다니엘은 유수幽囚의 시기에 칼데아 지방의 지혜에 입문합니다. 그는 메디아와 페르시아의 왕들과 친구였습니다. 헤로도토스에 따르면, 페르시아는 신에 대한 모든 인간적 표상을 물리쳤습니다. 하지만 제우스와 더불어 천상의 아프로디테를 미트라라는 이름으로 섬겼지요.[54] 성서에 지혜Sagesse라는 이름으로 등장하는 존재는 틀림없이 그녀일 것입니다. 또한 고난받는 의인 개념이 유수 때에 그리스와 이집트를 비롯한 여러 곳으로부터 이스라엘에 전해집니다. 나중엔 한동안 헬레니즘이 팔레스타인을 집

53　헤시오도스, 「신들의 계보」(『신들의 계보』, 천병희 옮김, 숲, 2009), 535~569행.

54　헤로도토스, 『역사』, 1권 131장.

어 삼키지요. 바로 이 모든 것 덕분에 그리스도는 제자들을 가질 수 있었습니다. 하지만 그리스도는 무척이나 오랫동안 인내심을 갖고 신중하게 그들을 가르쳐야 했습니다. 에티오피아 여왕의 환관[55]에게와는 반대로 말입니다.『일리아스』에서 에티오피아는 신들이 선택한 땅으로 등장하지요.[56] 헤로도토스에 따르면, 에티오피아에선 제우스와 디오뉘소스만을 섬겼습니다. 마찬가지로 그에 따르면, 그리스 신화는 어린 디오뉘소스를 숨기고 보호했던 피난처로 에티오피아를 설정하지요.[57] 그러므로 에티오피아 여왕의 환관은 별도의 준비가 필요 없었습니다. 그는 그리스도의 삶과 죽음에 대한 얘기를 듣자마자 세례를 받았던 것이지요.

당시 로마 제국은 진정으로 우상 숭배를 행했습니다. 우상은 국가였지요. 사람들은 황제를 숭배했습니다. 종교적 삶의 모든 형태는 우상에 종속돼야 했고, 그 어떤 형태도 우상 숭배보다 위에 있어선 안 되었습니다. 로마인들은 갈리아의 드루이드들을 완전히 몰살합니다. 또 방탕하다는 이유로 디오뉘소스 숭배자들을 죽이거나 감옥에 가둡니다. 하지만 방탕함에 대한 로마인들의 공적인 묵인을 떠올리면, 이 이유는 성립할 수 없습니다. 로마인들은 피타고라스 학파, 스토아 학파, 철학자들을 내쫓습니다. 남겨진 건 진정으로 천박한 우상

<hr>

55   사도행전 8장 26~40절에 등장하는 인물입니다.
56   호메로스, 『일리아스』, 1권 423~424행.
57   헤로도토스, 『역사』, 2권 146행.

숭배였을 뿐이지요. 그러므로 초대 그리스도인들에게로 옮겨 갔던 이스라엘의 편견들도 덩달아 입증됩니다. 이미 오래전부터 그리스의 비의秘儀들은 타락했고, 동방에서 수입된 비의들도 오늘날 신지학자들의 믿음 정도만큼만 진정성을 가졌을 뿐입니다.

그리하여 이교異敎라는 허구적 개념이 자리를 잡습니다. 우리는 지금 상상도 못 합니다. 만일 황금기의 히브리인들이 지금 이 시대에 부활한다면, 우상 숭배의 죄를 범했다는 이유로 요람 속의 아이들을 포함한 우리 모두를 몰살하고 도시들을 쓸어 없애리라는 것을. 그들이 그리스도를 바알[58]이라고 부르고 성모 마리아를 아스타르테[59]라고 부르리라는 것을.

히브리인들의 편견은 그리스도교의 토대substance에까지 스며들어 유럽의 뿌리를 뽑고, 1,000년의 과거와 단절시키고, 종교적 삶과 세속적 삶을 완전히 분리시키는 방수 막을 설치합니다. 그 세속적 삶 전체는 이른바 이교의 시대로부터 물려받은 것입니다. 이처럼 뿌리 뽑힌 유럽은 나중에 다시 한번 뿌리 뽑힙니다. 고대와의 영적인 연결성을 회복하지 못한 채, 그리스도교의 전통과 폭넓게 분리되면서 말입니다. 그 뒤 유럽은 지구의 다른 모든 대륙에 진출해서, 이번엔 그곳 사람들의 뿌리를 뽑습니다. 무기, 돈, 기술, 포교 활동으로 말입니다. 이제 어쩌면 우리는 단언할 수 있을 겁니다. 지구 전체가 뿌리

---

58   가나안의 신으로 천둥과 번개의 신입니다.
59   가나안의 여신입니다.

뽑혀 자신의 과거와 단절됐다고. 그 원인을 이루는 건 애초에 그리스도교가 그리스도의 살해에까지 이른 전통과 결별하지 못했다는 것입니다. 그런데 그리스도가 불같이 화를 냈던 건 우상 숭배 때문이 아니라 바리새인들 때문이었습니다. 바리새인들은 헬레니즘 정신의 적이었고, 유대 민족을 종교적, 민족적으로 재건하는 일의 장인이자 전문가였지요.

당신들은 앎의 열쇠를 없애 버렸군요.[60]

우리가 이 말의 뜻을 알아차린 적이 있을까요?

로마 지배 아래 유대 땅에 꽃핀 그리스도교는 노아의 세 아들의 마음을 동시에 지닙니다. 그래서 그리스도인들끼리 전쟁을 벌이면, 한쪽엔 함의 마음이, 다른 쪽엔 야벳의 마음이 있습니다. 알비파Albigeois〔카타르파〕와의 전쟁에서처럼 말입니다. 툴루즈에서 이집트 양식의 로마 조각들이 발견되는 게 아무 이유가 없는 게 아닙니다.[61] 취하기를 거부하고 벌거벗기를 거부한 아들들의 마음은 그리스도인들 사이에 존재했습니다. 하지만 그리스도교를 억압하고 셈과 야벳이 가

---

60   루가 복음 11장 52절. 예수가 율법학자들과 바리새파 사람들에게 한 말입니다.

61   베유는 『전집』 IV-2권에 실린 「어떤 서사시를 통해 본 한 문명의 종말」 408쪽에서 "우리는 툴루즈의 생-세르냉 성당에서 이집트를 떠올리게 하는 로마의 두상頭像들을 보지 않습니까?"라고 합니다.

겨온 '덮을 것'을 공개적으로 사용하는 사람들에게선 훨씬 더 많이 발견되지요.

노아와 멜기세덱의 포도주를, 그리스도의 피를, 많건 적건, 직접적으로건 간접적으로건, 의식적이건 암묵적이건, 하지만 진정으로, 같이하는 사람들은 모두, 함의 양자인 이집트와 티로의 형제들입니다. 그렇지만 오늘날 야벳과 셈의 아들들은 훨씬 더 많이 소란을 피웁니다. 그들 가운데 어떤 이들은 힘이 세고 어떤 이들은 박해를 받습니다. 그들은 잔혹한 증오심을 갖고 나뉘어 있지만, 서로 형제이고 많이 닮았습니다. 벌거벗기를 거부한다는 점에서. 살chair과 특히 집합적 열기로 이루어져 자신 안의 악을 빛으로부터 보호하는 옷을 필요로 한다는 점에서. 그 옷은 신을 비非위협적으로 만들지요. 그래서 신을 부정하건 긍정하건, 가짜 이름으로 부르건 진짜 이름으로 부르건, 별반 차이가 없게 됩니다. 즉 그 이름의 초자연적 권력이 영혼을 변화시키는 걸 두려워하지 않으면서, 신의 이름을 명명하게 해 줍니다.

모든 우화에서처럼 막내아들이 가장 놀라운 모험을 하는 세 형제 이야기는 지중해에서 멀리 떨어진 곳에서도 존재했을까요? 추정하기 어렵습니다. 우리는 다만 생각해 볼 수 있을 뿐입니다. 핵심적인 영감들에서 그리스적 사고와 너무도 닮은 힌두 전승이 어쩌면 인도-유럽 기원의 것이 아닐 수 있음을. 그렇지 않다면, 헬라인들이 그리스로 이주할 때 그 전승을 이미 지니고 있었을 것이고, 그래서 그걸 새로 배울 필요가 없었을 것이기 때문입니다. 다른 한편으로, 논노스에 따르면 디오뉘소스의 전승에서 인도가 두 번 등장합니다.[62] 즉 자그레우스[63]가 인도의 히다스페스강[64] 근처에서 성장했다는 것과 디오뉘소스가 인도 원정에 참가했다는 게 그것입니다. 지나치며 말해 두자면, 디오뉘소스가 여행 중 만난 부도덕한 왕이 아무 무장도 하지 않은 그를 가르멜산 남쪽에서 공격해서, 그가 홍해까지 도망쳤다고 합니다. 『일리아스』에서도 이 사건을 언급하는데, 장소를 말하진 않습니다. 그곳은 이스라엘이 아니었을까요? 어쨌건 디오뉘소스는 비슈누[65]와 관계가 있음이 명백하고 바쿠스라고도 불립니다. 인도와의 관련에 대해 말할 수 있는 건 이게 전부입니다. 아마도 아시아, 오세아니아, 아메리카, 흑黑아프리카와는 관련된 게 아무것도 없을 것입니다.

반면, 지중해 유역에선 세 아들의 전설이 역사의 열쇠입니다. 함은 실제로 저주를 받았습니다. 하지만 그런 저주는, 지나치게 아름답고 순수해서 불행에 처하는 모든 것, 모든 존재에 공통된 것입니다. 여러 세기를 거쳐 많은 침략이 이어집니다. 언제나 정복자들은 자발적으로 눈을 가린 형제들의 후손들이지요. 하지만 어떤 정복 민족이 정복당한 곳의 정신, 즉

---

62 『디오뉘소스 이야기』, 노래 XXIV, 43~46행.

63 제우스와 페르세포네의 아들로 헤라의 질투를 받아 죽은 뒤 디오뉘소스로 환생합니다.

64 기원전 326년에 알렉산더 3세와 인도 연합군의 전투가 벌어진 곳입니다.

65 브라흐마, 시바와 함께 힌두교 3대 신 가운데 하나입니다.

함의 정신에 굴복하면, 문명이 생겨납니다. 반면, 정복 민족이 자신들의 거만한 무지를 선호하면 야만이 활개 치고, 죽음보다 더한 암흑이 몇 세기를 이어집니다.

함의 정신이 그런 물결들의 연안에서 머지않아 새롭게 꽃필 수 있기를!

보유補遺

노아가 계시를 받았다는 또 다른 증거들이 있습니다. 성서에선 신이 노아라는 개인을 통해 인류와 계약을 맺었다고 하고 무지개가 그 증표라고 합니다.[66] 그런데 사람과 맺은 신의 계약은 계시일 수밖에 없습니다.

그 계시는 제물祭物, sacrifice 개념과 관계가 있습니다. 신은 노아가 바친 제물의 냄새를 맡고선, 다시는 인류를 없애려는 생각을 하지 않겠다고 다짐합니다.[67] 그 제물은 대속代贖을 위한 것이었습니다. 이로부터 우리는 그리스도의 희생을 예감할 수 있습니다.

그리스도인들은 제물을 미사라고 부릅니다. 그러니 미사는 수난Passion을 매일 반복하는 것이지요. 그리스도교가 성립하기 이전에 『바가바드 기타』도 신의 육화를 말합니다.

---

66 창세기 9장 13절.
67 창세기 8장 21절.

이 몸속에 현존하는 저 자신이 바로 제물입니다.[68]

그러므로 제물의 관념과 육화의 관념 사이의 연결성은 아마도 무척 오래된 것일 겁니다.

트로이아 전쟁은 함에 대한 두 형제의 증오가 빚어낸 가장 비극적인 일들 가운데 하나입니다. 야벳이 함을 침공한 것이 그 전쟁이지요. 트로이아인들 쪽엔 오직 함의 후손들만이 있었고, 반대편엔 함의 후손들이 전혀 없었습니다.

예외처럼 보이는 게 있긴 했지요. 하지만 그건 오히려 확증해 주는 것입니다. 크레타인들이 그 예외였지요. 그레다는 함에게서 비롯된 문명의 보석들 가운데 하나였지만『일리아스』에선 크레타인들이 아카이오이족의 편에 선다는 것이 그것입니다.

하지만 헤로도토스는 그들이 가짜 크레타인들이었음을 말해 줍니다.[69] 그들은 거의 황폐화된 섬에 정착한 지 얼마 안되는 헬라스인들이었습니다. 어쨌거나 미노스는 전쟁에 끼어든 그들에게 화가 나 페스트를 퍼뜨려 격퇴합니다. 기원전 5세기에 델포스 신전의 여사제는 메디아 전쟁에서 크레타인들이 그리스인들과 합류하는 걸 금합니다.

이 트로이아 전쟁은 한 문명 전체를 파괴하려는 시도였습니다. 그 시도는 성공하지요.

---

68   『바가바드 기타』, 8장 4절.
69   헤로도토스, 『역사』, 7권 169장.

호메로스는 항상 트로이아를 "성스러운 일리오스"라고 부릅니다.[70] 그 전쟁은 그리스인들에겐 원죄였고 양심의 가책이었지요. 그 가책으로 인해 살인자들은 자신에게 희생당한 사람들의 영감을 부분적으로 물려받습니다.

하지만 다음 또한 진실입니다. 도리아인들[71]을 제외한다면, 그리스인들은 헬라스인들과 펠라스고이인들의 혼합이라는 것. 그리고 헬라스인들은 정복자였지만 실제로 지배한 건 펠라스고이인들이었다는 것. 펠라스고이인들은 함에게서 유래했습니다. 헬라스인들은 모든 걸 펠라스고이인들로부터 배웠지요. 특히 아테네 사람들은 거의가 순수한 펠라스고이인이었습니다.

전문가들을 대립시킨 두 가설 중 하나처럼 히브리인들이 이집트를 탈출한 게 기원전 13세기라면, 그 시점은 헤로도토스가 명시한 트로이아 전쟁의 시기와 가깝습니다.[72]

그렇다면 다음과 같은 단순한 가정이 성립합니다. 즉 신적 영감을 받았건 아니건 간에 모세가 히브리인들이 이제 사막을 충분히 헤맸으니 팔레스타인에 입성할 때가 됐다고 판

---

70 호메로스, 『일리아스』, 6권 448행.

71 기원전 13세기경 철기 문명을 지니고 그리스로 이주해 스파르타 등의 여러 도시 국가를 건설한 집단입니다.

72 헤로도토스는 『역사』 2권 145장에서 트로이아 전쟁이 "지금으로부터 약 800년 전"이라고 합니다. 그가 『역사』를 쓴 것이 기원전 5세기이므로, 트로이아 전쟁은 기원전 13세기에 일어난 게 됩니다.

단한 시점이 트로이아 전쟁으로 인해 〔가나안〕 전사들이 나라를 비운 시점과 일치한다는 것. 트로이아인들은 제법 멀리 떨어진 민족에게까지 도움을 요청했던 것이지요. 그래서 여호수아가 이끈 히브리인들은 전투 병력이 없는 사람들을 많은 기적 없이도 손쉽게 몰살할 수 있었던 것입니다. 하지만 트로이아로 떠났던 전사들이 어느 날 돌아옵니다. 그래서 정복이 멈추지요. 여호수아기 끝부분과 비교하면 판관기 앞부분에선 히브리인들이 거의 전진하지 못했듯이 말입니다. 오히려 그들은 여호수아의 지휘하에 완전히 절멸시켰다고 했던 사람들의 포로가 됩니다.

그러니 이해할 수 있습니다. 성서엔 왜 트로이아 전쟁에 대한 얘기가 전혀 없는지. 그리스 전승에선 왜 히브리인들의 팔레스타인 정복에 대한 얘기가 전혀 없는지.

하지만 이스라엘에 대한 헤로도토스의 완전한 침묵은 큰 수수께끼입니다. 틀림없이 그 시대에 이스라엘 민족 자체가 신성 모독으로 여겨졌던 게 아닐까요? 절대로 언급하지 말아야 할 무엇처럼 말입니다. 이는 짐작할 수 있는 일입니다. 무장도 하지 않은 디오뉘소스를 무력으로 공격한 왕이 리쿠르구스라는 이름의 사람이었다면 말입니다. 물론 유수로부터 귀환하고 성전을 재건한 다음에는 틀림없이 변화가 생겼습니다.

그리스도교와 비히브리 종교들의
원초적 관계에 대한 노트[1]

프랑스의 가장 뛰어난 라티니스트〔라틴 문화학자〕가운데 한
사람(카르코피노[2]보다 훨씬 뛰어난)인 에르만 씨는 최근 무
척 유의미한 텍스트들을 서로 연결시키면서, 그리스도 사후
그리스도교가 로마에서 매우 강력한 영향력을 행사했을 가
능성을 입증했습니다. 유대인 사회들뿐만 아니라 로마의 귀
족 집안들에까지, 특히 스토아 학파의 세계에까지 말입니다.

에르만 씨에 따르면, 그리스도가 죽던 해에 벌써 로마 유

1   "Note sur les relations primitives du christianisme
et des religions non hébraïques", *Œuvres complètes*, IV-1,
Gallimard, 2008, pp. 387~389. 1942년 5월 후반에 카사블랑카에서
레옹 에르만Léon Herrmann(1889~1984)의 『골고다에서
팔라티누스까지』*Du Golgotha au palatin*(M. Lamertin, 1934)를 읽고
정리한 원고입니다. 브뤼셀 자유 대학 교수였던 에르만과 베유는
카사블랑카의 수용소에서 처음 만났고 같은 배를 타고 뉴욕으로
가면서 대화를 나눕니다. 뉴욕에서 에르만은 사회 연구를 위한
뉴스쿨에서 강의를 했고, 그 뒤 런던으로 가 프랑스 망명 정부의
암호국에서 일합니다.

2   Jérôme Carcopino(1881~1970). 역사학자이자 그리스
학자이고 라티니스트입니다. 소르본 대학과 고등 사범 학교의
교수였습니다. 베유는 『뿌리내림』(이세진 옮김, 이제이북스, 2013)
234~249쪽에서 그를 비판합니다.

대인 사회에 그리스도교가 전파되었고, 티베리우스〔2대 황제, 14~37년 재위〕, 가이우스〔3대 황제, 37~41년 재위〕, 클라우디우스〔4대 황제, 41~54년 재위〕 치하의 유대인 박해는 그리스도교로 인한 것이었습니다. 다른 한편, 티베리우스와 가이우스 때엔 로마 귀족들로 이루어진 그리스도인들 또는 동조자들의 집단이 존재했을 것이라고 합니다. 또 세네카는, 비밀리에 세례를 받지는 않았다 하더라도, 절반은 그리스도인이었으리라고 합니다. 암살되지 않았다면 나중에 황제가 되었을, 갈바 황제〔6대, 68~69년 재위〕의 양자 피소는 가족이 그리고 그 자신도 틀림없이 그리스도이이었을 것입니다.

그리스도의 수난으로부터 얼마 지나지 않아 헤롯은 많은 수행원과 함께 리옹으로 유배됩니다. 그 수행원들 가운데 그리스도인들이 있었던 게 거의 확실합니다. 또 헤롯의 젖형제도 그리스도인이었습니다.

우리는 또한 성배 전설이 어떻게 생겨났는지를 이해하게 됩니다. 그것은 드루이드교와 그리스도교의 혼합으로만 해명될 수 있기 때문입니다. 그런 혼합이 존재했다는 사실은 드루이드교와 그리스도교가 형제 종교처럼 여겨지고 있었음을 입증해 줍니다.

그리스도교와 스토아주의가 서로를 인정했음도 놀라운 일이 아닙니다. 성 요한에겐 스토아주의와 피타고라스주의가 깊이 스며들어 있었습니다. 우리가 오늘날 알고 있는 것보다 훨씬 더 많이 말입니다.[3] 삼위 일체의 세 위격 가운데 둘에 부여된 이름은 스토아주의에서 차용한 것입니다.[4]

안토니누스[15대, 138~161년 재위]나 특히 마르쿠스 아우렐리우스[16대, 161~180년 재위] 같은 훌륭한 황제들이 나중에 그리스도인들을 박해했다는 사실은 다음과 같은 가정으로밖에 설명할 길이 없습니다. 즉 불법적인 지하 생활과 특히 세계의 임박한 종말에 대한 기다림 때문에 많은 범죄적 요소가 그리스도인들 가운데로 흘러들었고, 그리하여 그들의 존재가 실질적으로 위협적이었다는 것.

하지만 제일 특기할 만한 건 그리스도교와 비히브리적 고대의 종교들, 지혜들 사이의 친화성을 감춘 것입니다.

그리스도인이 된 팔레스타인 유대인들은 민족주의로 인해 이 친화성을 인정할 수가 없었습니다. 성 요한은 그런 편견이 전혀 없었지요. 하지만 사도 바울의 텍스트들에선 그런 편견이 드러납니다. 그가 비록 이교도들의 사도였더라도 일정한 민족적 광신증fanatisme이 있었다는 게 말입니다.

다른 한편으로, 로마 제국은 그리스도교를 국교로 삼으면

---

3 『전집』의 편집자 주에 따르면, 베유는 요한의 첫째 편지(5장 7~8절)를 염두에 두고 있습니다.

4 『전집』의 편집자 주에 따르면, 그 두 가지의 명칭은 로고스와 프네우마(성령)입니다. 베유는 『신을 기다리며』에 실린 「신에 대한 암묵적 사랑의 형태들」 165쪽에서 이를 언급합니다. 또 『전집』의 편집자 주에선 루돌프 불트만의 "초기ancien 스토아주의에선 이미 신을 아버지라 칭했고 후기nouveaux 스토아주의자들에게선 그러한 칭호가 그들의 경건함과 인류관을 표현하는 특징적 방식"이었다는 말을 인용하면서(『예수와 세계』Jesus and the World, Collins, Fontana Books, 1958[초판 1934], 137쪽), "아버지"란 칭호와 스토아주의의 연관성도 암시합니다.

서, 마치 스스로가 그리스도교를 발명한 것처럼 드러낼 필요가 있었습니다. 팔레스타인은 이미 멸망해서 더 이상 방해가 안 됐고, 모든 그리스도인은 과거의 법을 준수하면서도 동시에 부인했습니다. 하지만 로마 국가는 그리스도교와 피타고라스주의, 엘레우시스의 비밀 의식les cérémonies des Mystères,[5] 드루이드교, 오시리스 숭배, 로마가 정복한 모든 지역의 종교들 사이의 친화성을 인정할 수 없었습니다. 또 그리스도교는 영원하면 안 되었습니다. 영원성은 국가 이성에 적합하지 않기 때문입니다.

그리스도교의 최초의 시기들은 수수께끼로 덮여 있습니다. 역사가들의 텍스트들엔 수수께끼 같은 공백들이 존재합니다. 또한 그리스의 많은 고전적 텍스트가 소실됐습니다. 아이스퀼로스의 『해방된 프로메테우스』를 비롯한 많은 텍스트가 사라진 건 우리에게 무척이나 아쉬운 일입니다.

아마도 거의 틀림없이 일부러 어둠을 지어낸 것일 겁니다. 제일 수수께끼인 건 진실이 비잔틴으로 도피하지 않은 일입니다.

5   고대 그리스의 도시 엘레우시스에서 행해졌던 비밀 의식. 대지의 여신 데메테르가 하데스에게 납치된 딸 페르세포네를 찾아 떠돌다가 엘레우시스에 도착해 도움을 받고 축복을 내린 걸 기념하는 의식입니다. 매년 파종기와 수확기 때 두 차례 열렸고, 많은 사람이 참여했지만, 이 의식에서 보고 들은 걸 발설하면 안 됐습니다. 이 의식에 참여하는 사람에겐 내세의 행복이 약속됐고, 비밀이 잘 지켜졌다고 합니다.

하지만 그런 국가적 압박이 도그마에까지 파고들진 않았습니다. 교회의 어떤 결정도 유대-그리스도교 전통 바깥엔 어떤 계시 종교나 경전도 없다는 데까지 이르진 않았습니다. 성서 정경 목록엔 단지 구약과 신약의 외경들만 제외됐을 뿐입니다.[6] 또 플라톤의 『티마이오스』나 『우파니샤드』, 『이집트 사자의 서』가 문제 된 적도 없습니다.

이와 관련해, 요셉과 마리아는 왜 이집트까지 갔을까요?[7] 거기서 그들은 무얼 배웠을까요? 이에 대해 우리는 무엇이든 가정해 볼 수 있습니다.

그리스도는 자신의 제일 아름답고 중요한 발언들 가운데 하나에서 "진실을 행하는 ποιοῦντες ἀλήθειαν 사람들"[8]이라는 표현을 사용합니다.[9] 이 표현은, (실력 있는 히브리어 학자에게 물어봐야 하겠지만) 실수를 한 게 아니라면, 히브리적 표현도 아니고 그리스적 표현도 아닙니다. 그런데 이집트어에는 마아트Maât[10]라는 단어가 있어서 진실과 정의를 동시에 뜻하

6 나그함마디 문서가 발견된 건 베유가 죽은 뒤인 1945년입니다.

7 마태오 복음 2장 13~15절, 19~21절.

8 "ceux qui font la vérité." "진실을 만드는 사람들" 또는 "진실을 지어내는 사람들"로도 옮길 수 있습니다.

9 요한 복음 3장 21절. 『전집』의 편집자에 따르면, 베유는 원고 옆에 poiountes alêtheian이라고 철자를 바꿔 표기해 놓았습니다.

10 고대 이집트의 여신입니다. 태양신 라의 딸로, 하늘을 가로지르는 라의 배를 이끌었고, 이집트의 파라오가 그의 뜻—진실과 정의—에 따라 법을 정했다고 합니다.

지요.

　"진실의 주님, 저는 당신께 진실을 전합니다. 저는 당신을 위해 악을 무찔렀습니다."

2

쿠튀리에 신부에게 보내는 편지[1]

『트리엔트 공의회 교리서』[2]를 읽을 때면, 저는 그 책에서 제시된 종교의 어떤 내용도 공유하지 못하는 것처럼 느낍니다. 반면, 신약이나 신비주의자의 글 또는 전례서를 읽을 때, 또는 미사를 드릴 때는 일종의 확실함을 느낍니다. 그 신앙이

1   "Lettre au père Couturier", Œuvres complètes, V-1, Gallimard, 2019, pp. 151~197. 1942년 9월 후반부터 뉴욕에서 쓴 편지로 『선집』(Œuvres, Gallimard, 1999, pp. 981~1016)에도 실려 있습니다. 베유는 미국을 떠나 런던으로 출발하는 당일, 즉 1942년 11월 9일 이 편지를 부모에게 맡기고, 그녀의 부모는 그것을 쿠튀리에 신부Marie-Alain Couturier(1897~1954)에게 전달합니다. 하지만 쿠튀리에 신부는 베유의 런던 주소를 몰라 답신을 못 합니다. 『전집』의 편집자에 따르면, 이 편지는 열여섯 장의 큰 종이 앞뒷면에 쓴 것으로, 제일 앞의 열아홉 줄이 읽지 못하게 꼼꼼히 지워져 있습니다. 또 날짜, 주소, 인사말, 서명 같은 편지 형식이 없습니다. 베유는 자크 마리 탱Jacques Maritain의 소개로 1942년 9월 도미니크회 신부인 쿠튀리에를 만납니다. 쿠튀리에 신부는 베유가 런던으로 떠난 뒤에도 베유의 가족과 관계를 지속합니다. 쿠튀리에 신부는 1916년에 1차 대전에 동원되어 1917년에 부상을 당합니다. 전쟁이 끝난 뒤 파리의 랑송Ranson 아카데미와 성聖 미술 아틀리에에서 공부하고, 1925년 9월 도미니크회에 입회합니다. 2차 대전 이후 샤갈, 브라크, 루오 등이 참여한 아시Assy 성당, 마티스가 설계하고 장식한 방스Vence 성당, 르 코르뷔지에가 설계한 롱샹Ronchamp 성당 등을 기획했습니다.

제 것이라는. 더 정확히 말하자면, 제 부족함으로 인한 거리가 없다면 저의 것일 거라는. 이런 상황은 영적으로 고통스럽습니다. 저는 이 상황을 덜 고통스럽게 만들기보다는 더 명료하게 파악하고 싶습니다. 명료함 속에선 어떤 고통도 받아들일 수 있기 때문입니다.

저는 몇 년 전부터 제게 깃든 몇몇 생각—적어도 그 가운데 몇 가지—을 당신께 늘어놓으려 합니다. 그 생각들은 저와 교회 사이에 놓인 장애물입니다. 저는 당신이 그것들을 뿌리로부터 토론해 주시길 바라진 않습니다. 물론 그래 주신다면 기쁘겠지만, 그건 나중의 일, 이차적인 일인 것 같습니다.

제가 바라는 건 "제 생각으로는" 같은 수사修辭 없는 확실한 대답, 제 의견 하나하나에 대해, 그것을 지닌 채 교회에 속할 수 있는지에 관한 확실한 대답입니다. 만일 교회에 속할 수 없다면 명확하게 말씀해 주시길 바랍니다. "몇 번, 몇 번… 항목에 담긴 의견을 가진 사람에겐 세례를 줄 수 (또는 면죄를 해 줄 수) 없습니다"라고 말입니다. 빨리 답해 주실 필요는 없습니다. 하나도 급할 게 없습니다. 다만 단호한 답을 바랄 뿐입니다.

번거롭게 해 드려 죄송합니다. 하지만 달리 방도가 없습

---

2 1566년 로마에서 프랑스어로 제일 먼저 발간된 책입니다. 『로마 교리서』라는 명칭으로 더 널리 알려졌습니다. 트리엔트 공의회는 종교 개혁에 맞서 가톨릭 교리를 정비하기 위해 1545년부터 1563년까지 이탈리아 북부 트리엔트에서 개최된 공의회입니다.

니다. 제가 한가해서 이 문제들을 고민하는 건 아닙니다. 이 일은 영원한 구원이 달린 것이어서 생명 이상의 중요성을 갖습니다. 그뿐이 아닙니다. 제가 보기에 이 일은 저의 구원을 훨씬 뛰어넘는 중요성을 갖습니다. 삶과 죽음의 문제란 다만 비교의 놀이일 뿐이지요.

제가 제시할 의견 가운데 어떤 것들은 저 자신에게도 불분명합니다. 하지만 그것들이 엄격한 신앙의 관점에서 잘못된 것이라면, 다른 문제들만큼이나 제게 심각한 장애물입니다. 그것들이 의심스럽다는 굳은 확신을 제가 갖고 있는 한에서 말입니다. 다시 말해, 제가 그것들을 단호하게 부인하지 못하기 때문입니다.

제 의견 가운데 어떤 것들—특히 비의들, 유대-그리스도교의 것이 아닌 경전들, 멜기세덱[3] 등등에 관한 것들—은 결코 정죄된 적이 없는 것입니다. 거의 틀림없이 처음 몇 세기 동안 유지되었던 것들인데도 말입니다. 그래서 생각해 봅니다. 비밀리에 받아들여졌던 것들이 아닐까 하고 말입니다. 어쨌건 오늘날 저나 다른 사람이 공개적으로 그것들을 언명해서 교회가 정죄하더라도, 저는 그것들을 내버리지 않을 겁니다. 그것들이 잘못되었다고 저를 납득시키지 못하는 한에서 말입니다.

저는 몇 년 전부터 제 모든 사랑과 집중력의 힘intensité으

---

3 앞에 실린 「노아의 세 아들과 지중해 문명사」의 36~37쪽을 참조하시기 바랍니다.

로 그것들을 생각합니다. 하지만 그 힘은 처참할 정도로 빈약합니다. 제 엄청난 결함들 때문입니다. 그래도 제가 느끼기에 그 힘은 꾸준히 커지고 있고, 그에 따라 가톨릭 신앙에 저를 붙들어 매는 끈도 점점 강해집니다. 저의 가슴과 지성에 더 깊이 뿌리를 내리면서 말입니다. 그런데 그와 동시에 저를 교회에서 멀어지게 하는 생각들도 마찬가지로 더 큰 힘과 명료함을 갖게 됩니다. 만일 그런 생각들을 갖고선 결코 교회에 속할 수 없다면, 제가 성례에 참여할 기회를 갖게 되리라는 희망은 거의 없네요. 그렇다면 저는 다음의 결론을 내리지 않을 수 없습니다. 즉 제 소명은 교회 바깥의 그리스도인이 되는 것이라는 것. 이런 소명의 가능성은 다시 다음 사실을 함의합니다. 교회는 그 이름처럼 가톨릭〔보편적〕이 아니라는 것. 그리고 교회가 자신의 임무를 완수하도록 정해져 있다면, 언젠가는 가톨릭〔보편적〕이 되리라는 것.

이제 제시할 의견들은 제게 다양한 수준의 그럴싸함 또는 확실성을 갖는 것입니다. 반면, 모두가 제 마음속에서 의문의 지점을 이루는 것들이기도 합니다. 제가 그것들을 직설법으로 표현하는 건 언어의 빈곤 때문입니다. 또 다른 방식의 동사 변화가 있다면 참 요긴할 텐데요.[4] 성스러운 것들의 영역에서

---

4 베유는 이 편지를 쓰기 전인 1942년 9월 15일 자로 쿠튀리에 신부에게 열네 개 항목의 의견을 담은 첫 번째 편지를 씁니다. 이 첫 번째 편지는 날짜, 주소, 인사말, 서명 등의 완전한 형식을 갖췄지만(『전집』 V-1권, 529~538쪽), 베유는 부치지 않습니다. 베유는 그 편지에서 "보다 정확하게 표현할 수 있으려면,

저는 어떤 것도 단호하게 확언할 수 없습니다. 그래서 교회의 가르침에 부합하는 제 의견들마저도 제 마음속에선 똑같이 의문의 지점들을 내포합니다.

저는 생각합니다. 그것이 어떤 것이건 모든 생각에 대해 예외 없이 일정한 판단 정지를 하는 게 지적 영역에서 겸손의 덕목을 이루는 것이라고.

목록들은 다음과 같습니다.

<1> 우리가 그리스도의 시기보다 충분히 앞선—이를테면 그로부터 다섯 세기 이전의—역사의 한 시점을 붙잡아, 그 이후의 시기를 사상捨象하고 고찰해 본다면, 그 시점의 이스라엘은 주변의 여러 다른 민족(인도, 이집트, 그리스, 중국)에 비해 신과 신적 진실들에서 멀리 떨어져 있습니다. 신과 관련한 핵심적 진실은 신은 선하다는 것이기 때문입니다. 신이 불의하고 잔혹한 끔찍한 행위들을 사람들에게 시킬 수 있다고 믿는 건, 신과 관련해 가장 큰 오류를 범하는 것입니다.

『일리아스』에서 제우스는 어떤 잔혹한 일도 명령하지 않습니다.[5] 그리스인들은 자비를 바라는 모든 불행한 사람들 안에 "간청하는 제우스"가 머문다고 믿었습니다.[6] 반면 야훼는 "전쟁의 신"입니다. 이스라엘의 역사는 별들만이 관건이 아

의심을 나타내는 양태mode dubitatif의 동사 변화가 있어야 할 것입니다"라고 합니다(531쪽).

　5　베유의 『일리아스 또는 힘의 시』(이종영 옮김, 리시올, 2021)를 참조하시기 바랍니다.

니라 이스라엘의 전사戰士들도 관건을 이룸을 드러내 줍니다. 헤로도토스는 수많은 헬라스 민족과 아시아 민족을 언급하는데, 그 가운데 단 한 민족만이 "전쟁의 제우스"를 믿고 있었습니다.[7] 그런 신성 모독은 다른 어떤 민족에서도 알려져 있지 않았습니다. 최소 3,000년 이전의, 틀림없이 그보다 오래된 『이집트 사자의 서』에는 복음적인 자애로움이 스며들어 있습니다. (죽은 사람이 오시리스에게 말합니다. "진실의 주님, 저는 당신께 진실을 전합니다. […] 저는 당신을 위해 악을 무찔렀습니다. […] 아무도 죽이지 않았습니다. 누구에게도 눈물을 흘리게 하지 않았습니다. 누구도 굶주림으로 고통받게 내버려 두지 않았습니다. 주인이 노예를 함부로 대하게 하지 않았습니다. 누구에게도 두려움을 불러일으키지 않았습니다. 큰소리로 말하지 않았습니다. 올바르고 진실한 말들에 귀를 닫지 않았습니다. 명예를 얻으려고 제 이름을 앞세우지 않았습니다. 신성神性을 겉으로 드러난 발현發顯들에 가두지 않았습니다…")

히브리인들은 네 세기 동안 이집트 문명과 접촉했지만 그처럼 부드러운 정신을 받아들이길 거부했습니다. 그들은 힘 puissance…을 원했지요.

바빌론 유수 이전의 모든 텍스트는 신에 대한 그런 근본

6　앞에 실린 「이스라엘과 '이교도들'」의 14쪽을 참조하시기 바랍니다.

7　헤로도토스, 『역사』, 5권 119장을 참조하시기 바랍니다. 이 "단 한 민족"은 소아시아의 카리아 민족입니다.

적 오류로 오염돼 있습니다. 제 생각엔, 주인공이 유대인이 아
닌 욥기,[8] 아가(그런데 유수 이전의 것일까요?),[9] 몇몇 다윗 시
편(그런데 다윗의 것이 확실할까요?)[10]을 제외하고 말입니다.
그런데 유대 역사에 최초로 등장하는 완전히 순수한 인물은
(칼데아 지방의 지혜에 입문한[11]) 다니엘이었습니다. 그 밖의
다른 모든 사람의 삶은, 아브라함[12]부터 시작해서, 끔찍한 것
들로 더럽혀져 있습니다. (아브라함은 아내에게 매춘을 시키
면서 등장합니다.)

그렇다면 이렇게 생각할 수밖에 없지 않을까요? 이스라
엘은 신에 관한 제일 본질적인 진실(즉 신은 힘을 지니기에 앞
서 선한 존재라는 것)을 유수 덕분에 칼데아, 페르시아, 그리
스 같은 이방의 전통들로부터 받아들였다고.

<2> 우리가 우상 숭배라 칭하는 건, 넓은 범위에서, 유대
판타즘이 지어낸 픽션입니다. 모든 시기의 모든 민족은 언제
나 일신교였습니다. 황금기의 히브리인들이 부활한다면, 그

8　『전집』의 편집자 주에 따르면, 욥기는 기원전 400년경에
쓴 것이고 주인공 욥은 유대인이 아니라 아랍인입니다.

9　『전집』의 편집자 주에 따르면, 아가 전체의 편집은 기원전
3세기에 이루어졌고, 기원전 2세기와 1세기에 약간의 덧붙임이
행해졌을 수 있습니다.

10　시편 앞부분 72편을 말합니다.

11　「이스라엘과 '이교도들'」 24쪽과 「노아의 세 아들과
지중해 문명사」 49쪽을 참조하시기 바랍니다.

12　창세기 12장 10~20절, 20장 1~7절.

리고 그들에게 무기가 주어진다면, 그들은 우상 숭배라는 명목으로 우리 모두를, 남자들, 여자들, 아이들을 몰살할 겁니다. 그들은 그리스도를 바알[13]로 성모 마리아를 아스타르테[14]로 여기면서, 바알과 아스타르테를 숭배했다고 우리를 욕할 겁니다.[15]

그 반대로 바알과 아스타르테는 아마도 그리스도와 성모 마리아의 형상들이었겠지요.

그 신들에 대한 어떤 의례들이 방탕함에 빠졌다고 주장하는 건 올바릅니다. 하지만 저는 요즘에도 그렇게 생각하는 사람은 거의 없으리라 생각합니다.

그러나 야훼 숭배와 연관된 잔혹함, 야훼가 지시한 집단 학살은 적어도 똑같이 끔찍한 오점들입니다. 게다가 잔혹함은 음란함보다 훨씬 소름 끼치는 범죄이지요. 음란은 살해뿐만 아니라 육체적 결합으로도 충족될 수 있기 때문입니다.

조각상들에 대해 이른바 이교도들이 지녔던 감정이란 아마도 오늘날 십자가나 성모 마리아와 성인들의 조각상이 불

---

13 가나안의 신으로 천둥과 번개의 신입니다. 『전집』의 편집자 주에 따르면, 원래 셈어계語系의 보통 명사인 바알은 '소유자', '영주'(주님), '주인'을 의미했습니다. 기원전 3000년 전부터 신들의 목록에 등장합니다.

14 가나안의 여신입니다. 『전집』의 편집자 주에 따르면, 어머니 신Grande-Mère의 형상으로, 중동 지역에서 적어도 기원전 3000년 전부터 숭배되었습니다.

15 베유는 이미 「노아의 세 아들과 지중해 문명사」의 51쪽에서 같은 얘기를 했습니다.

러일으키는 감정들과 똑같은 것이었을 겁니다. 영적으로나 지적으로 성숙지 못한 사람들이 공통적으로 지니는 빗나간 감정들이 그것입니다.

우리는 종종 일정한 초자연적 덕목을 성모 마리아의 특정한 조각상들에 부여하지 않나요?

만일 그들이 돌이나 나무 속에 신성이 전적으로 현존한다고 믿더라도, 그게 반드시 틀린 얘기가 아닐 수도 있습니다. 우리는 신이 빵과 포도주 속에 현존한다고 믿지 않나요? 특정한 의례에 따라 제작되고 축성된 조각상들엔 신이 진짜로 현존했었을 수도 있습니다. 탐욕은 진정한 우상 숭배입니다 (πλεονεξία ἥτις εἰδωλολατρία, 골로사이인들에게 보낸 편지 3장 5절).[16] 그리고 물질적 재화에 굶주렸던 유대 민족은 신을 경배하던 순간들에조차 탐욕의 죄악을 범합니다. 히브리인들은 쇠붙이나 나무로 된 우상이 아니라 인종, 민족을 우상으로 섬기지요. 그것들도 마찬가지로 땅 위의 것입니다. 그들의 종교는 본질적으로 그러한 우상 숭배와 분리될 수 없습니다. '선택된 민족'이라는 개념 때문입니다.[17]

---

16 『전집』의 편집자 주에 따르면, 베유가 표기해 놓은 그리스어는 골로사이인들에게 보낸 편지 3장 5절의 "그러니 땅 위의 것들인 당신들의 팔과 다리membres를 죽이세요. 즉 방탕, 불순, 정념, 잘못된 욕망 그리고 우상 숭배인 그 탐욕τήν πλεονεξίαν을 죽이세요"에서 발췌한 것입니다.

17 「이스라엘과 '이교도들'」 16쪽을 참조하시기 바랍니다.

<3> 엘레우시스의 비밀 의식과 오시리스의 비밀 의식은 오늘날 우리가 이해하는 의미의 성사처럼 여겨졌습니다. 어쩌면 그것들은 세례나 성찬과 똑같은 의미vertu를 갖고 그리스도의 수난과 똑같은 관계에서 그 의미를 취한, 진정한 성사였을 것입니다. 당시엔 그리스도의 수난이 미래의 일이었지만, 지금은 과거의 일입니다. 과거와 미래는 동형同形, symétrique의 것입니다. 시간의 앞뒤는 신과 인간의 관계에서 결정적인 역할을 하지 못합니다. 그 관계에선 한쪽 항項이 영원이기 때문입니다.

만일 속량贖良, Rédemption[18]이, 부합하는 감각적 지표들 및 수단들과 함께, 태초부터 땅 위에 현존하지 않았다면, 우리는 신을 용서—신성 모독 없이 이런 표현을 사용할 수 있다면— 할 수 없었을 겁니다. 그리스도교 이전의 세기들 동안 뿌리 뽑히고 노예가 되고 고문당하고 죽임을 당한 수많은 결백한 사람의 불행과 관련해서 말입니다. 사람들이 그를 좇아내지 않는 한에서 그리스도는 이 땅 위에 현존합니다. 곳곳에 범죄와 불행이 넘치는 이 땅 위에 말입니다. 그 현존의 초자연적 효과들이 없었다면, 불행이 파괴한 결백한 사람들이 어떻게 신을 저주하는 범죄를 저지르지 않을 수 있었고, 그리하여 벌을 피할 수 있었을까요?

더욱이 성 요한은 "세계가 생겨난 이래 도살당한 어린 양"에 대해 말합니다.[19]

18　구속救贖, 대속代贖으로도 옮깁니다.

그리스도 이전부터 그리스도교의 내용이 존재했었다는 증거가 있음은 다음의 것을 말해 줍니다. 오랜 옛날부터 사람들의 행동에 의미 있는 변화가 없다는 것.

<4> 아마도 여러 민족(인도, 이집트, 중국, 그리스)에게도 유대-그리스도교 성서와 똑같은 지위를 갖고 계시된 성스러운 경전들이 있었을 것입니다. 오늘날 잔존하는 몇몇 텍스트는 아마도 그것들의 단편斷篇들이거나 반향들일 것입니다.

<5> 멜기세덱에 관한 성서의 내용들(창세기, 시편, 사도 바울)은 입증해 줍니다. 이스라엘의 태동기부터 이스라엘 바깥에는 신에 대한 앎과 헌신이 있었다는 것을. 그리고 그것들은 그리스도교와 같은 수준의 것이었고, 이스라엘이 지녔던 모든 것보다 월등하게 뛰어난 것이었음을.[20]

그 어떤 것도 멜기세덱과 고대 비밀 의식들 사이에 연결성을 설정하는 걸 가로막지 못합니다. 빵과 데메테르, 포도주와 디오뉘소스 사이엔 친화성이 있습니다.

19 요한 묵시록 13장 8절.
20 베유는 1942년 4월 초에 베네딕트회 앙 칼카En Calcat 수도원의 동 클레망 자콥Dom Clément Jacob에게 다섯 가지 사항을 문의하는 질문지를 보냅니다. 그 가운데 둘째가 마르키온Marcion이 말하듯이 이스라엘보다 이교도 민족들이 월등했다는 생각을 지녀도 파문당하지 않겠냐는 것이었습니다. 『전집』IV-1권의 「부록」442~443쪽을 참조하시기 바랍니다.

창세기에 따르면, 멜기세덱은 필시 가나안의 왕일 것입니다. 그렇다면 가나안 도시들의 부패와 불경건은 학살의 시점으로부터 몇 세기 전 일이거나 히브리인들이 희생자들을 모함하려고〔학살을 정당화하려고〕날조한 것일 겁니다.

<6> 사도 바울이 멜기세덱에 대해 쓴 것[21]은 "아브라함이 저의 날을 봤습니다"라고 한 그리스도의 말[22]과 닮은 것으로, 멜기세덱이 이미 말씀Verbe의 화신化身, Incarnation이었음을 뜻할 수 있습니다.[23]

어쨌건 예수 이전엔 말씀이 육화된 적이 없었다는 것, 이집트의 오시리스나 인도의 크리슈나가 말씀의 화신이 아니었다는 것은 확실하지 않습니다.

<7> 만에 하나 오시리스가 그리스도처럼 신이면서 지상의 삶을 산 사람이 아니었더라도, 오시리스의 이야기는 구약에서 예언들이라 칭하는 그 무엇보다 한없이 명료하고 완벽하며 진실에 근접한 것임이 틀림없습니다. 죽었다가 부활한

---

21 히브리인들에게 보낸 편지 7장 1~3절.

22 요한 복음 8장 56절.

23 이는 동 클레망 자콥에게 보낸 질문지의 셋째 질문이었습니다. 베유는 이렇게 묻습니다. "그리스도보다 앞서서 계시를 받은 말씀의 화신들이 있었다는 것, 사도 바울에 따르면 멜기세덱이 그중 하나였다는 것이 가능하고 그럴싸하다고 생각하면 파문당해야 합니까?" 『전집』 IV-1권의 「부록」 442쪽.

다른 신들의 경우도 마찬가집니다.

이 문제가 지금 시점에서 극히 중요한 건 거의 2,000년 동안 존재했고 점점 더 심해지는 다음의 사실 때문입니다. 즉 그리스도교 나라들에서 세속적 문명과 영성의 분열이라는 사실이 그것입니다. 우리 문명은 이스라엘엔 아무것도 빚지지 않았고 그리스도교로부턴 아주 작은 영향을 받았을 뿐입니다. 반면, 그리스도교 이전의 고대(게르만족들, 드루이드들, 로마, 그리스, 에게-크레타인들, 페니키아인들, 이집트인들, 바빌로니아인들…)로부턴 거의 모든 걸 빚졌지요. 이 고대와 그리스도교 사이에 통과할 수 없는 장벽이 있다면, 우리의 세속적 삶과 영적 삶 사이에도 똑같은 장벽이 있습니다. 그리스도교가 진정으로 체화體化되려면, 그리스도교적 영감이 삶 전체에 스며들려면, 다음의 것을 먼저 인정해야 합니다. 우리의 세속적 문명의 역사적 발생은 어떤 종교적 영감에서 비롯됐다는 것. 그리고 그 종교적 영감은 그리스도교보다 시간적으론 앞서지만 본질적으론 그리스도교적인 것이라는 것. 신의 지혜는 지상의 모든 빛의 원천으로 여겨져야 합니다. 이 세계를 비추는 빛이 아무리 희미하더라도 말입니다.

프로메테우스와 관련해서도 그렇습니다. 프로메테우스의 이야기는 그리스도의 이야기 자체가 영원 속에 투사된 것입니다. 즉 시간과 장소가 한정되지 않았을 뿐이라는 것입니다.[24]

그리스 신화는 예언들로 가득 차 있습니다. 동화라 불리는 유럽의 민간 전승 설화들도 마찬가집니다.[25]

그리스 신들의 많은 이름은 아마도 실제론 단 하나의 신격, 즉 말씀Verbe을 지칭하기 위한 여러 이름이었을 것입니다. 제 생각엔, 디오뉘소스, 아폴론, 아르테미스, 천상의 아프로디테, 프로메테우스, 에로스, 페르세포네 등등이 그렇습니다.[26]

저는 또 헤스티아, 아테나 그리고 어쩌면 헤파이스토스[27]도 성령의 이름들이라고 생각합니다. 헤스티아는 중심을 이루는 불입니다.[28] 아테나는, 임신한 아내인 지혜Sagesse〔메티스〕를 잡아먹은 제우스의 머리에서 나왔습니다. 그러므로 아테나는 신과 신의 지혜로부터 생겨난 것입니다. 아테나의 속성은 올리브나무와 기름인데, 그것들은 그리스노교 성사에

24 「이스라엘과 '이교도들'」 28~29쪽을 참조하시기 바랍니다.

25 『전집』의 편집자 주에 따르면, 베유는 마르세유에 거주하던 1941년 9월 시몬 페트르망에게 "오래된 고전적 문학들, 동양의 문학들, 민중 설화들을 모아 책을 내서 〔…〕 수많은 종교적, 철학적 전통이 일치한다는 걸 보여 주고 싶다"고 말합니다. 시몬 페트르망, 『시몬 베유의 삶』La Vie de Simone Weil(Fayard, 1997), 582~583쪽을 참조하시기 바랍니다.

26 「이스라엘과 '이교도들'」 30쪽과 「노아의 세 아들과 지중해 문명사」 44~46쪽을 참조하시기 바랍니다.

27 제우스와 헤라의 아들입니다. 불의 지배자이고 금속과 야금술의 신입니다. 생김새를 이유로 헤라가 바다에 내던지지만, 바다의 여신인 테티스와 에우뤼노메가 그를 보살핍니다. 아프로디테와 결혼합니다.

28 헤스티아는 화로의 신이고 가정의 신입니다. 베유는 『전집』 IV-2권의 「부록」에 실린 노트에서 헤스티아에 대해 "화로, 집의 중심적이고 신적인 장소, 불"이라 하고 "불은 신격들을 결합시키는 성령"이라고 합니다(690쪽).

서 성령과 밀접한 것입니다.[29]

사람들은 그리스도의 특정한 행동과 말 들에 대해 거침없이 주석을 답니다. "예언들이 완수되도록 되어 있었습니다"라고.[30] 그건 히브리적 예언들입니다. 그런데 다른 행동과 다른 말 들은 마찬가지로 비히브리적 예언들과 연관시켜 주석할 수 있습니다.

그리스도는 물을 포도주로 변화시키면서 공적 삶을 시작합니다. 그리고 포도주를 피로 변화시키면서 끝냅니다. 그러므로 그는 디오뉘소스와 연결성을 갖습니다. "저는 진짜 포도나무입니다"[31]라는 말로 인해서도 그렇습니다.

"밀알이 떨어져 죽지 않으면"[32]이란 말은 아티스나 페르세포네처럼 식물의 형상을 갖춘, 죽었다 부활한 신들과 그리스도의 연결성을 드러내 줍니다.

성모 마리아의 모성은 플라톤의 『티마이오스』의 한 문장과 수수께끼 같은 연관성을 지닙니다. 어떤 특정한 본질, 언제나 온전한, 모든 것의 어머니에 관한 문장이 그것입니다.[33] 데메테르나 이시스[34] 같은 고대의 모든 어머니 신은 성모 마리

---

29   베유는 「그리스도 이전의 직관들」(『전집』 IV-2권)에서
아테나가 셋째로 태어났다는 뜻의 '트리토제니'Tritogénie로
칭해졌다고 합니다. 또 제우스를 제외하곤, 성령을 상징하는
번개와 밀접히 연관된 방패를 사용한 유일한 신이라고
합니다(206쪽).

30   마태오 복음 1장 22절, 2장 15절 등등.

31   요한 복음 15장 1~17절.

32   요한 복음 12장 24절.

아의 형상들입니다.

십자가와 나무, 십자가형과 나무에 목을 매다는 교수형 사이의 비교가 끈질기게 이어지는 건 지금은 사라진 신화들과 연관된 것임에 틀림없을 것입니다.

확인할 순 없지만, 만일 스칸디나비아의 시 「오딘의 룬 문자」[35]가 그리스도교의 영향력이 행사되기 이전의 것이라면, 이 시는 아주 놀라운 예언을 품고 있습니다.

저는 압니다. 제가 바람에 흔들리는 나무에 목매달려 죽었었다는 것을. 아흐레 밤 동안, 창에 찔러, 오딘에게, 즉 저 자신이 저 자신에게 주어진 채. 어떤 뿌리에서 생겨났는지 아무도 모르는 그 나무에게 맡겨진 채.
아무도 제게 빵이나 물을 담은 뿔잔을 주지 않았지요. 저는 아래를 내려다봤고, 룬 문자를 골똘히 연구했고, 울면서 그걸 배웠습니다. 그러고선 나무에서 내려왔지요. (첫째 시집 Edda)

"신의 어린 양"이란 용어[36]는 틀림없이 다음의 전통들과 관계가 있는 것입니다. 즉 오늘날 우리가 토테미즘이라 칭하

33 받아들이는 존재로서의 어머니를 말하는 『티마이오스』 50d의 문장입니다.
34 오시리스의 여동생이자 부인입니다.
35 북유럽 신화의 최고신인 오딘의 죽음과 부활, 그리고 부활의 계기를 이루는 룬 문자의 발견을 이야기하는 시입니다.

는 것과 아마도 연결되어 있을 전통들 말입니다. 헤로도토스가 전하는 제우스 암몬[37] 이야기(모습을 보여 달라고 간청하는 사람에게 제우스가 숫양의 목을 잘라 그 머리 가죽을 쓰고 나타났다는)[38]는 성 요한이 말하는 "천지 창조 때부터 목이 잘린 어린 양"[39]과 이웃한 것으로, 이 표현에 관한 생생한 빛을 던져 줍니다. 신을 기쁘게 한 첫 번째 제물은 아벨이 바친 제물로,[40] 미사 전문典文에서 제물인 그리스도의 형상처럼 불리는 것이고 동물 제물입니다. 두 번째 제물인 노아가 바친 제물도 마찬가집니다. 노아는 신의 분노로부터 인류를 최종적으로 구원하고, 신과 사람 사이에 계약을 맺습니다.[41] 이는 그리스도의 수난의 효과들 자체입니다.[42] 이 두 가지[43] 사이엔 무척 신비한 관계가 있습니다.

아주 오래전 사람들은 먹기 위해 죽이는 동물들 안에 신

36 『전집』의 편집자 주에 따르면, 신약에서 예수를 지칭하기 위해 이 용어가 쓰인 것은 요한 복음 1장 29~36절, 사도 행전 8장 32절, 베드로의 첫째 편지 1장 19절입니다.

37 암몬은 이집트의 신이고 그리스인들이 그랬듯이 헤로도토스는 제우스를 암몬이라고 칭하기도 합니다. 헤로도토스, 『역사』, 1권 46장, 2권 18, 32, 55장을 참조하시기 바랍니다.

38 같은 책, 2권 42장.

39 요한 묵시록 13장 8절.

40 창세기 4장 4절.

41 창세기 8장 14절~9장 17절.

42 베유는 이 효과를 연대기적 순서를 벗어난 것으로 여깁니다.

43 노아의 방주와 그리스도의 수난을 말합니다.

이 실제로 현존한다고 생각했습니다. 신이 그 동물들 안에 내려와 스스로를 음식으로 사람들에게 제공한다는 것입니다. 그런 생각에 따라 동물성 음식들은 성체 배령communion이 된 것이지요. 그러지 않았다면, 그것은 범죄일 것입니다. 적어도 다소간 데카르트적인 철학에 따른다면 말입니다.[44]

어쩌면 이집트 테베에선 제물로 바치는 숫양 속에 신이 실제로 현존했을 겁니다. 오늘날의 축성된 빵에서처럼 말입니다.

여기서 말해 둘 필요가 있습니다. 그리스도가 십자가에 매달려 죽는 시점에 해가 숫양자리〔백양궁白¥宮〕에 있었나는 것을.[45]

플라톤은『티마이오스』에서 우주의 점성술적 구성을 세계 영혼에게 가해진 일종의 십자가형처럼 묘사합니다. 교차

[44] 저(옮긴이)로선 이해할 수 없는 말이지만, 데카르트를 사랑한 베유는 나름의 명확한 관점을 통해 이 얘기를 한 게 아닐까요? 시몬 페트르망은『시몬느 베이유, 불꽃의 여자』(강경화 옮김, 까치, 1978) 50~51쪽에서 베유가 고등 사범 학교 시절 데카르트의 신 개념을 전적으로 수용했었고, 종교와 도덕을 일치시켜 신을 믿는 것과 올바르게 행동하는 것을 동일시했다고 하는데, 어쩌면 그런 생각과 연관된 것일까요?

[45] 『전집』의 편집자 주에 따르면, 베유는『전집』VI-3권 188쪽에서 이렇게 말합니다. "일반적으로 매개자는 지상에 있을 때 별자리의 춘분·추분점과 동일시되고, 동일성과 타자성?, 그리스도와 어린 양, 십자가와 천칭궁天秤宮(숫양, 천칭궁)의 교차점과 동일시됩니다." "타자성" 뒤의 물음표와 괄호 속의 표기는 베유가 덧붙인 것입니다.

점이 춘분·추분점, 즉 숫양자리〔백양궁〕라는 점에서 말입니다.[46]

여러 텍스트(『에피노믹스』,[47] 『티마이오스』,[48] 『향연』,[49] 필롤라오스,[50] 프로클로스[51])가 말해 주고 있습니다. 어떤 숫자와 1 사이의 비례 중항,[52] 즉 그리스 기하학에서의 중앙은 신과 사람 사이의 신적인 매개의 상징이었다는 것을.

복음서들(특히 요한 복음)을 통해 전해지는 그리스도의 많은 말은, 의도를 드러내 주는 것일 수밖에 없는 특별한 강조와 함께, 비례 중항의 수학적 형태를 취합니다. 이를테면 "제 아버지가 저를 보낸 것처럼, 저는 당신들을 보냅니다"[53] 같은

---

46   베유는 「플라톤의 신」Dieu dans Platon(『전집』 IV-2권) 129쪽에서 『티마이오스』 35a를 주해하면서 "세계 영혼의 본질은 신과 물질적 우주 사이의 비례 중항을 구성하는 어떤 것"이라고 하고, 130쪽에선 36b~37a를 주해하면서 "세계 영혼의 고난"을 말합니다.

47   플라톤, 『에피노믹스』, 990e~991b를 참조하시기 바랍니다.

48   플라톤, 『티마이오스』, 31c를 참조하시기 바랍니다.

49   플라톤, 『향연』, 202c~e를 참조하시기 바랍니다.

50   기원전 470~385. 그리스의 철학자. 가장 뛰어난 피타고라스주의자로 여겨지고, 피타고라스의 수론에 따라 우주를 탐구했다고 합니다. 『소크라테스 이전 철학자들의 단편 선집』에 그의 단편들과 해제가 실려 있습니다.

51   412~485. 신플라톤주의 철학자. 『신학의 요소들』을 비롯해 플라톤에 대한 몇 가지 주해서와 유클리드에 대한 저서가 있습니다.

52   「이스라엘과 '이교도들'」 30쪽을 참조하시기 바랍니다.

53   요한 복음 17장 18절, 20장 21절.

말이 그렇습니다. 즉 똑같은 관계가 아버지를 그리스도에게, 그리스도를 제자들에게 결합시키는 것입니다. 그리스도는 신과 성인聖人들 사이의 비례 중항입니다. 매개라는 말 자체가 그걸 뜻합니다.

이로부터 저는 이렇게 결론짓습니다. 즉 그리스도는 시편의 메시아에서, 이사야서의 고통받는 의인에게서,[54] 창세기의 청동 뱀에게서[55] 자신을 알아보았듯이, 마찬가지로 그리스 기하학의 비례 중항에서도 자신을 알아보았다는 것. 그 후로 비례 중항은 가장 빛나는 예언이 됩니다.

엔니우스[56]는 피타고리스적인 글에서 이렇게 말합니다. "사람들은 달을 페르세포네라 부릅니다. 〔…〕 마치 뱀처럼 왼쪽으로 향했다 오른쪽으로 향했다 하기 때문입니다."

말씀과 동일시할 수 있는 모든 매개자적 신은 달의 신들로, 크루아상을 연상시키는 뿔, 리라, 활을 지녔습니다(오시리스, 아르테미스, 아폴론, 헤르메스, 디오뉘소스, 자그레우스, 에로스…). 프로메테우스는 예외입니다. 하지만 아이스퀼로스의 비극들에서 프로메테우스의 짝이라 할 수 있을 이오[57]

54   이사야 42장 1~7절, 49장 1~9절, 50장 4~9절, 52장 13절~53장 12절.

55   『전집』의 편집자 주에 따르면, 청동 뱀 이야기는 창세기가 아니라 민수기 21장 4~9절과 지혜서 16장 5~14절에 나오는 것입니다.

56   기원전 239~169. 로마의 시인으로 라틴 문학의 아버지로 불립니다. 로마의 역사에 대한 서사시『연대기』를 썼습니다.

는, 프로메테우스가 결박되었듯이, 영원한 방랑의 저주를 받습니다. 게다가 이오에겐 뿔이 달렸지요. (그리스도가 십자가에 매달리기 전에 방랑자였음에 주목해야 합니다. 그리고 플라톤은 에로스를 가련한 떠돌이처럼 묘사합니다.)[58]

해가 아버지의 이미지라면, 달은 아들의 이미지입니다. 해의 광채를 반사하지만 우리가 쳐다볼 수 있는, 감퇴와 소멸로 고통받는 아들의 이미지 말입니다. 그렇다면 빛은 성령의 이미지이지요.

헤라클레이토스는 삼위 일체를 설정했습니다. 비록 전해지는 그의 단편斷篇들을 통해 추정해 볼 수밖에 없지만 말입니다. 하지만 헤라클레이토스에게서 영감을 받은 클레안테스의 『제우스 찬가』엔 명확히 등장합니다. 즉 그 위격들은 제우스, 로고스 그리고 신적인 불 또는 번개입니다.[59]

클레안테스는 제우스에게 말을 건넵니다. "이 우주는 당신의 지배에 동의합니다ἑκὼν κρατεῖται / 이는 당신의 무적의 손 아래 놓인 봉사자들의 덕목입니다 / 당신의 손은 양날의 칼을 갖춘, 영원히 사는, 번개와도 같은, 불 속에 있습니다."[60]

<hr>

57   『결박된 프로메테우스』561~886행과 『간청하는 여인들』291~314행에 등장합니다. 제우스의 욕망의 대상인 이오는 헤라의 미움을 받아 뿔이 달린 암소가 되고, 세계를 방랑하다 프로메테우스를 만납니다. 프로메테우스는 이오에게 그녀의 후손인 헤라클레스가 자신을 구해 줄 것임을 말해 줍니다.

58   플라톤, 『향연』, 202c~e를 참조하시기 바랍니다.

59   「이스라엘과 '이교도들'」26~27쪽과 「노아의 세 아들과 지중해 문명사」46쪽을 참조하시기 바랍니다.

번개는 강압의 수단이 아니라 자발적인 동의와 복종을 불러오는 불입니다. 그러니 그것은 곧 에로스입니다. 그리고 이 에로스는 봉사자이고 영원히 살며, 그리하여 하나의 위격입니다. 크레타섬 부조에 등장하는 양날 도끼—번개의 상징입니다—를 든 제우스의 무척 오래된 표상은 어쩌면 그때 벌써 다음과 같은 뜻을 담고 있었을지도 모릅니다. 즉 "양날의 칼을 갖춘"을 "제가 온 것은 평화가 아니라 칼을 가져다주기 위한 것입니다"라는 그리스도의 말과 연결시키려는 뜻이 그것입니다.

불은 신약에서 줄곧 성령의 상징입니다.

헤라클레이토스의 계승자인 스토아주의자들은 세계의 질서를 지탱하는 에너지인 불을 프네우마라 칭했습니다. 프네우마는 불 같은 입김이지요.

몸을 만들어 내는 씨앗은, 스토아주의자들이나 피타고라스주의자들에 따르면, 액체와 혼합된 프네우마입니다.

새로운 탄생—그리고 세례의 모든 상징 체계—에 관한 그리스도의 말[61]은, 제대로 이해하려면, 특히 피타고라스주의 및 스토아주의의 생식生殖 관념과 연결돼야 합니다. 게다가 유스티누스는, 제가 보기엔, 세례를 생식에 비교합니다.[62] 그렇다면 "어린 염소여, 너는 젖 속에 빠졌구나"라는 오르페우스의 말[63]은 어쩌면 세례와 연관될 수 있습니다(옛날 사람들

---

60   클레안테스, 『제우스 찬가』, 7~8행.
61   요한 복음 3장 3~6절.

은 젖이 아버지의 정액으로 만들어졌다고 여겼습니다).

"큰 목신牧神이 죽었습니다"[64]라는 유명한 말은 어쩌면 우상의 소멸이 아니라 그리스도의 죽음을 알리려는 것일 수 있습니다. 그리스도가 큰 목신이고 큰 전체라면 말입니다. 플라톤은 『크라튈로스』에서 목신이 로고스라고 합니다.[65] 또 『티마이오스』에선 세계 영혼에 그 이름을 붙입니다.[66]

성 요한은 로고스와 프네우마라는 단어를 사용하면서, 그리스 스토아주의—카톤과 브루투스의 스토아주의와 구별해야 합니다[67]—를 그리스도교에 이어 주는 깊은 친화성을 드러냅니다.

플라톤도 마찬가지로 삼위 일체, 매개, 육화, 수난의 도그마와 은총의 개념, 사랑에 의한 구원의 개념을 알고 있었고,

---

62   『전집』의 편집자 주에 따르면, 유스티누스의 『첫 번째 변호』Première Apologie 61절-3에 따른 것입니다. 유스티누스는 네아폴리스(현재의 나블루스)에서 2세기 초에 태어나 로마에서 165년경에 죽은 그리스도교 철학자입니다.

63   헤르만 알렉산더 딜스, 발터 크란츠 엮음, 『소크라테스 이전 사람들의 단편들』Die Fragmente der Vorsokratiker, 1B20. 김인곤 외 7인이 옮긴 『소크라테스 이전 철학자들의 단편 선집』 35~54쪽에는 오르페우스 전설에 관한 증언들이 실려 있고, 53쪽에는 "나 어린 산양이 되어 젖 속으로 떨어졌나이다"라는 대목이 나옵니다. 이는 딜스와 크란츠의 책 1B18을 옮긴 것입니다.

64   플루타르코스의 『모랄리아』 가운데 「신탁의 결함에 대해서」에 나오는 말입니다.

65   플라톤, 『크라튈로스』, 408b~d.

66   베유는 『티마이오스』 34b~c에 나오는 신을 목신으로 여기는 듯합니다.

암시들을 통해 드러냅니다. 즉 플라톤은 핵심적 진실을 알고 있었습니다. 신은 선이라는 진실이 그것이지요. 신이 전능하다는 건 다만 덧붙여지는 말일 뿐입니다.

"저는 지상에 불을 지르러 왔습니다. 이미 불이 났었기를 제가 얼마나 바랐겠습니까?"[68]라고 말하면서 그리스도는 프로메테우스와의 연결성을 드러냅니다.

"저는 길입니다"[69]라는 그리스도의 말은 중국 말 '도'道와 연결됩니다. '도'는 문자 그대로는 길을 뜻하지만, 은유적으로는 구원의 방법을 뜻하기도 하고 비인격적 신을 뜻하기도 합니다. 이때 비인격적 신이란 중국직인 영성의 신이고, 비인격적이더라도 현자들의 모델이고 지속적으로 작용하는 신입니다.

"저는 진실입니다"[70]라는 그리스도의 말은 진실의 영주인 오시리스를 떠올리게 합니다.

그리스도는 그의 가장 중요한 말들 중 하나에서 "진실을 행하는 사람들"ποιοῦντες ἀλήθειαν이라고 하면서, 그리스적이지도 않고 히브리적이지도 않은 표현을 씁니다(확인이 필요

---

67 여기서 카톤은 소小 카토, 즉 마르쿠스 포르키우스 카토(기원전 95~46)입니다. 이름이 똑같은 증조할아버지 대 카토가 아닙니다. 또 브루투스는 카이사르를 죽인 마르쿠스 유니우스 브루투스(기원전 85~42)입니다. 즉 로마 공화정을 세운 브루투스가 아닙니다.

68 루가 복음 12장 49절.

69 요한 복음 14장 6절.

70 요한 복음 14장 6절.

합니다). 오히려 그 표현은 이집트적입니다. 마아트Maât는 진실과 정의를 동시에 뜻합니다.[71] 그리스도의 가족이 이집트로 간 것은 틀림없이 아무 이유가 없는 게 아닐 겁니다.[72]

죽음처럼 여겨지는 세례는 고대의 입사식들과 동격의 것입니다. 클레멘스 1세(4대 교황)는 세례받은 사람들을 지칭하려고 '입사자'initié라는 단어를 사용하지요.[73] 또 성사들을 지칭하려고 '신비'라는 단어를 사용하는 것도 똑같은 동격입니다. 순회하는 세례당盤은 돌로 가장자리를 두른 연못을 많이 닮았습니다. 헤로도토스가 말한, 오시리스의 수난의 신비를 기념했던 그 연못 말입니다.[74] 이 두 가지는 어쩌면 넓은 바다를 떠올리게 합니다. 노아와 오시리스의 배들, 즉 십자가 이전에 인류를 구원했던 나무배들이 떠다니던 그 바다 말입니다.

신화와 민간 전승의 수많은 이야기는 그리스도교의 진실들로 번역될 수 있습니다. 억지를 쓰거나 왜곡하지 않으면서, 오히려 반대로 생생한 빛을 그것들에 투사하면서 말입니다. 그리고 그리스도교의 진실들도 또한 새로운 조명을 받을 수 있을 것입니다.

---

71   「그리스도교와 비히브리 종교들의 원초적 관계에 대한 노트」의 63~64쪽을 참조하시기 바랍니다.

72   마태오 복음 2장 13~15절, 19~21절.

73   『사도 헌장』Constitutions apostoliques, 2권과 3권.

74   헤로도토스, 『역사』, 2권 170~171장.

<8> 누군가가 순수한 가슴으로 오시리스, 디오뉘소스, 크리슈나, 붓다, 도道 등에 말을 건넬 때마다 그리스도는 그에게 성령을 보냄으로써 대답했습니다. 또 영靈, Esprit은 그의 영혼에 작용했습니다. 그의 종교적 전통을 부인하라고 종용하지 않고, 그의 종교적 전통 속에서 그에게 빛―최고의 경우엔 가득한 빛―을 보냄으로써.

그리스인들의 기도는 그리스도인들의 기도와 많이 닮았습니다. 아리스토파네스의 『개구리』에서 아이스퀼로스는 "저의 생각을 살찌운 데메테르 님, 제가 당신의 비의들에 걸맞은 존재가 되게 해 주세요"라고 합니다.[75] 이 말은 성모 마리아에게 드리는 기도와 많이 닮았고 똑같은 미덕을 지닙니다. 아이스퀼로스는 빛나는 시구詩句들에서 관상觀想, contemplation[76]을 완벽하게 묘사합니다. "마음이 제우스로 향해져 그의 영광을 외치는 사람은 / 누구든 가득한 지혜를 받을 것입니다"라고 말입니다.[77] (아이스퀼로스는, "〔…〕 제우스에게선 말과 행동이 하나입니다"라고 했듯이,[78] 삼위 일체를 알았습니다.)

---

75 아리스토파네스, 『개구리』, 886~887행.
76 베유의 이 편지가 가톨릭 신부에게 쓴 것임을 감안해서 가톨릭 용어로 옮겼습니다.
77 아이스퀼로스, 『아가멤논』, 173~174행.
78 아이스퀼로스, 『간청하는 여인들』, 598~599행. 베유는 제우스, 말(로고스), 행동(불＝성령)의 삼위 일체를 말하려 하고 있습니다.

<9> 그리스도가 "모든 민족을 가르치고 새로운 소식을 그들에게 가져다주세요"[79]라고 하면서 뜻했던 건, 신학이 아니라 새로운 소식을 전하라는 것이었습니다. 그 자신은, "오직 이스라엘의 어린 양들을 위해서 왔습니다"라고 스스로 말했듯이, 그 소식을 이스라엘의 종교에 덧붙였을 뿐이에요.

그리하여 그리스도가 바랐던 것은 아마도 이것일 것입니다. 즉 각각의 제자가 그리스도의 삶과 죽음이라는 좋은 소식을 찾아간 나라들의 종교에 똑같이 덧붙이라는 것. 하지만 그의 지시는 유대인들의 뿌리 깊은 민족주의 때문에 제대로 이해되지 못했습니다. 그래서 그들은 그들의 성서를 도처에 부과했던 것이지요.

사람들은 제자들이 그리스도의 지시를 잘못 이해했음을 가정하게 하는 많은 추측을 할 수 있습니다. 그러면 저는 그들에게 대답할 겁니다. 몇몇 지점을 제자들이 이해 못 한 것은 완전히 확실하다고. 근거는 이것입니다. 부활한 그리스도가 "가서 민족들(또는 이교도들)을 가르치고 그들에게 세례를 주세요"[80]라고 한 뒤에도, 그리스도가 제자들과 40일을 함께 보내면서 자신의 독트린을 전한 뒤에도,[81] 베드로는 이교도에게 세례를 주려는 결심을 하기 위해 특별한 계시와 꿈이 필요했다는 것. 베드로는 주변 사람들에게 자신의 행위를 설명

---

79 마르코 복음 16장 15절.
80 마태오 복음 28장 19~20절.
81 사도 행전 1장 1~8절.

하려고 그 꿈을 언급해야 했습니다.[82] 또 바울은 할례를 비껴 가기 위해 많은 어려움을 겪지요.

성서에선 열매를 보고 나무를 판단할 수 있다고 했습니다.[83] 그런데 교회는 나쁜 열매들을 너무도 많이 맺었지요. 출 발점에 잘못들이 없었다고 하기엔 말입니다.

유럽은 영적으로 뿌리 뽑혔습니다. 우리 문명의 모든 요 소가 기원한 고대와 차단되어서 말입니다. 그러고선 16세기 부턴 다른 대륙들의 뿌리를 뽑으러 떠났지요.

스무 세기가 흐른 뒤 그리스도교는 실질적으로 백인종의 종교를 벗어나지 못했습니다. 가톨릭은 오히려 더욱 제한되 었고요. 아메리카 대륙은 열여섯 세기 동안 그리스도에 대한 아무 얘기도 듣지 못한 채 존재했습니다. (하지만 사도 바울은 "모든 피조물에게 전해진 복음"[84]이라고 말합니다.) 그리고 그 민족들은 그리스도를 알기 위한 시간을 갖기 전에 파괴되지 요. 말할 수 없이 잔인한 참혹함들을 겪으면서. 선교사들의 열 정은 아프리카, 아시아, 오세아니아를 그리스도화하지 못했 고, 오히려 그 영토들을 모든 걸 괴멸시킨 백인종의 차갑고 잔 혹하며 파괴적인 지배 아래 놓습니다.

그리스도의 말이 제대로 이해되었다고 해 봅시다. 그렇다 면, 그럼에도 그것이 이런 결과를 맺었다는 것은 기이한 일일

82   사도 행전 10장 1~48절.
83   마태오 복음 7장 15~20절, 12장 33절, 루가 복음 6장 43~44절.
84   골로사이인들에게 보낸 편지 1장 23절.

겁니다.

그리스도는 말했습니다. "민족들을 가르치고, 믿는 사람들에게 세례를 주세요"라고.[85] 이때 "믿는 사람"이란 그리스도를 믿는 사람이지요. 그리스도는 다음처럼 말하지 않았어요. "그들로 하여금 그들의 아버지들이 신성하게 여긴 모든 걸 거부하게 강제하고, 그들이 알지 못하는 어떤 아주 작은 민족의 역사를 성스러운 책으로 받아들이게 하세요"라고. 사람들은 제게 확언해 주었습니다. 만일 선교사들이 비슈누나 시바를 부인하라는 조건을 내걸지 않았다면, 힌두교도들이 세례받는 것을 그들의 전통이 가로막지 않았으리라고. 만일 어떤 힌두교도가 비슈누는 말씀, 시바는 성령이라고 믿고, 또 말씀이 이미 예수 이전에 크리슈나[86]와 라마[87]에게 육화되었다고 믿는다면, 그가 무슨 권리로 세례를 거부하겠어요? 마찬가지로, 중국 선교에 관해 예수회와 교황이 벌인 논쟁에서 그리스도의 말을 실행한 건 예수회입니다.[88]

<10> 실제로 행해진 그대로의 선교 활동(특히 17세기 중국에서의 예수회의 정책을 정죄한 이후의 활동)은 잘못된 것

85　마태오 복음 28장 19~20절. 베유는 이 문장을 앞에서와는 다르게 번역합니다.

86　힌두교에서 비슈누 신의 여덟 번째 화신입니다.

87　힌두교에서 비슈누 신의 일곱 번째 화신입니다.

88　이와 관련해선 폴 존슨, 『기독교의 역사』(김주한 옮김, 포이에마, 2013), 684~688쪽을 참조하시기 바랍니다.

입니다. 아마도 특별한 경우들을 제외하곤 말입니다. 심지어 순교한 선교사들도 어린 양의 진정한 증인들이 되기엔, 대포 및 전함 들과 너무 밀착해 있었습니다. 제가 알기엔, 선교사들의 죽음에 복수하려는 징벌 행위들이 교회에 의해 공식적으로 단죄된 적은 결코 없습니다.

저 개인적으로는 선교 활동을 위해서라면 단돈 10원도 기부하지 않을 겁니다. 저는 생각합니다. 한 사람이 종교를 바꾸는 일은 작가가 언어를 바꾸는 일만큼이나 위험하다고. 그 일은 성공할 수도 있겠지만, 치명적인 결과를 가져다줄 수도 있습니다.

<11> 가톨릭은 다른 종교들이 암묵적으로 담고 있는 진실들을 명확하게 담고 있습니다. 하지만 거꾸로 다른 종교들도 그리스도교가 다만 암묵적으로 담고 있는 진실들을 명확하게 담고 있습니다. 많은 학식을 지닌 그리스도인은 다른 종교적 전통들 속의 신성한 내용들을 새롭게 많이 배울 수 있습니다. 내적인 빛이 그 자신의 종교를 통해 모든 걸 파악하게 해줄 수 있더라도 말입니다. 어쨌거나 그런 전통들이 지상에서 사라진다면, 그건 복구할 수 없는 손실입니다. 선교사들은 이미 너무 많은 전통을 사라지게 했지요.

십자가의 성 요한은 신앙을 은의 광채에 비유하고, 진실은 금으로 여깁니다.[89] 진정한 종교적 전통들의 다양한 형태는 동일한 진실의 다양한 반영이고, 아마도 똑같이 귀중한 것들일 겁니다. 하지만 우린 그걸 잘 헤아리지 못합니다. 각자는

그런 전통들 가운데 단 하나만을 살고, 다른 것들은 바깥에서 파악하기 때문입니다. 그런데 가톨릭교도들이 올바르게도 부단히 반복해서 말하듯, 하나의 종교는 다만 안으로부터만 알 수 있는 것입니다.

이는 마치 다음과 같습니다. 인접한 두 개의 방에 각각 한 사람이 있습니다. 그들은 각각 자신의 창으로 해를 보고 그 햇빛이 비추는 옆방 벽을 볼 수 있습니다. 그래서 그들은 각자 생각합니다. 해를 보는 건 자기 혼자고, 이웃은 다만 그 광채만을 볼 뿐이라고.

교회는 소명의 다양성이 귀중하다고 인정합니다. 그 생각을 확장해야 합니다. 교회 바깥에 존재하는 소명들에까지도. 왜냐하면 그런 소명들이 존재하니까.

<12> 힌두교도들이 말하듯, 신은 동시에 인격적이고 비인격적입니다. 신이 비인격적임은 다음의 뜻에서입니다. 즉 신이 하나une Personne로 존재하는 무한히 신비한 방식이 인간의 방식과는 너무나도infiniment 다르다는 것. 우리가 그 신비를 포착하려면 다음의 방법밖에 없습니다. 즉 여기 이곳에선 공존할 수 없는 대립되는 두 개념을 오직 신에게서만 공존 가능한 두 개의 핀셋처럼 사용하는 방법.[90] (많은 대립 쌍에 대해서도 마찬가지입니다. 피타고라스주의자들이 이해했던 것처

89   십자가의 요한, 『영가』(방효익 옮김, 기쁜소식, 2009), 노래 12, 112~113쪽.

럼 말입니다.)

우리가 신을 연속적이 아니라 동시적으로 셋이자 하나로 생각할 수 있는 건(이를 행하는 가톨릭교도는 거의 없습니다), 오직 신을 동시에 인격적이고 비인격적으로 생각하면서입니다. 그러지 못할 땐, 신성한 한 존재une seule Personne와 세 가지 신 사이를 오락가락할 뿐입니다. 많은 그리스도인이 그런 동요를 진짜 신앙으로 착각합니다.

아주 높은 영성을 지닌 십자가의 성 요한과 같은 성인들은 신의 인격적인 측면과 비인격적인 측면을 동시에, 그것도 똑같은 힘을 깃고서, 포착하지요. 반면, 널 진보한 영혼들은 특히, 또는 일방적으로, 두 측면 가운데 하나에만 주의를 집중하고 신앙을 바칩니다. 이를테면 리지외의 소화 데레사는 인격적 신만을 바라봅니다.

서양에서 신이라는 단어의 일상적 용법은 한 인격체를 지칭합니다. 그 때문에 관심, 신앙, 사랑이 거의 전적으로 신의 비인격적 측면을 향해진 사람들은 스스로를 무신론자라고 믿거나 말하게 됩니다. 초자연적 사랑이 그들의 영혼에 머물더라도 말입니다. 하지만 그들이 구원받으리라는 건 틀림없습니다.

---

90 베유에게 모순은 초월적인 진실에 가닿는 통로입니다. 그는 「마르크스주의적 독트린은 존재하는가」에서 이렇게 말합니다. "모순을 두 다리를 가진 도구처럼, 핀셋처럼 사용해서, 인간의 능력으론 가닿을 수 없는 진실의 초월적 영역과 직접적으로 접촉해야 합니다"(『일리아스 또는 힘의 시』, 74쪽).

그들은 여기 이곳의 사물을 대하는 태도로 서로를 알아봅니다. 불행을 내포한 세계 질서에 대한 받아들임과 이웃 사랑을 순수한 상태로 지닌 모든 사람은, 심지어 겉보기에 무신론자로 살고 죽더라도, 모두 틀림없이 구원받을 것입니다.

그 두 덕목을 완전하게 지니고 있는 사람들은, 겉보기에 무신론자로 살고 죽더라도, 성인들입니다.

그런 사람들을 만나면 개종시키려 할 필요가 없습니다. 눈에 보이진 않더라도 그들은 이미 모두 개종했기 때문입니다. 그들은 물과 성령으로 다시 태어났습니다. 세례를 받은 적이 전혀 없더라도. 그들은 생명의 빵을 먹었습니다. 영성체에 전혀 참여한 적이 없더라도.

<13> 베풂charité과 신앙은 구별되는 것이지만 분리할 수 없습니다. 베풂의 두 가지 형태는 더더욱 그렇습니다.[91] 불행한 사람을 보고 순수한 연민을 갖는(이는 무척 드문 일입니다) 사람은 어쩌면 암묵적으로, 그렇지만 언제나 실질적으로 신에 대한 사랑과 신앙을 지닐 겁니다.

그리스도는 그를 "주님, 주님"[92]이라고 부르는 모든 사람을 구원하지 않습니다. 하지만 그는, 그를 전혀 염두에 두지 않으면서도 굶주린 사람에게 순수한 마음으로 빵 한 조각을

---

91 저(옮긴이)는 이 두 형태가 어떤 건지 모르겠습니다. 어쩌면 「신에 대한 암묵적 사랑의 형태들」(『신을 기다리며』) 113쪽에서 말하듯이 이웃 사랑과 정의일까요?

92 마태오 복음 7장 21~22절.

주는 사람을 구원하지요. 그리스도가 그들에게 감사할 때, 그 사람들은 오히려 묻습니다. "주님, 도대체 저희가 언제 당신에게 먹을 것을 주었습니까?"[93]

그러므로 한 조목의 신앙이라도 받아들이지 않는 사람은 신앙이 전혀 없는 사람이라는 토마스 아퀴나스의 단언[94]은 틀린 것입니다. 이단들에겐 이웃 사랑이 전혀 없음을 확증하지 못한다면 말입니다. 물론 그것을 확인하긴 어려울 겁니다. 우리가 아는 한에서, 예컨대 카타르파의 '파르페'parfait〔완전한 사람〕[95]들은 성인들 가운데서도 매우 드문 이웃 사랑을 지니고 있었지요.

다음처럼 주장하는 사람들이 있을 수 있습니다. 즉 이단들이 영혼을 더 잘 유혹할 수 있게 악마가 그런 미덕들의 외양을 이단들에게 부여한다는 것입니다. 그렇게 주장하는 사람들은 "열매를 보면 나무를 알 수 있습니다"[96]는 말과 반대로 가는 것이지요. 즉 그리스도를 마귀로 여기던 사람들과 정

<hr>

93 마태오 복음 25장 37절.

94 『전집』VI-4권 172쪽의 편집자 주 23에 따르면, 아마도 베유는 토마스 아퀴나스의 『신학 대전』 질문 32 조항 1에 입각해 이 말을 하는 듯합니다.

95 카타리즘엔 특권적이고 보수를 받는 성직자 제도가 없었습니다. 대신 수도승적인 삶을 살면서 일생에 한두 차례 행해지는 '콘솔라멘툼'Consolamentum 의례를 집전하고 때때로 자유롭게 교사 역할을 하는 '파르페'들이 있었습니다. '수도승'과 '교사'라는 표현은 정다은 선생님의 『프랑스 역사 기행』(지식공감, 2017) 112~137쪽에서 따온 것입니다.

96 마태오 복음 7장 20절, 12장 33절, 루가 복음 6장 43~44절.

확하게 똑같은 방식으로 생각하는 것입니다. 그런 사람들은 어쩌면 성령을 모독하는 용서할 수 없는 죄[97]에 가까이 다가간 것일 겁니다.

마찬가지로 무신론자나 '불신자'도 순수한 연민을 가졌다면, 그리스도인만큼이나 신에 가깝고 신을 잘 압니다. 그들의 앎이 다른 언어로 표현되거나 침묵 속에 머물더라도 말입니다. "신은 사랑"이기 때문입니다.[98] 신은 자신을 찾는 사람들에게 보답을 해 주고 자신에게 접근하는 사람들에게, 그들이 빛을 원한다면, 빛을 보내 줍니다.

<14> 성 요한은 말했습니다. "예수가 그리스도임을 믿는 사람은 누구든 신에게서 태어났습니다"라고.[99] 그러니 그것을 믿는 사람은 누구든, 비록 그가 교회가 확언하는 그 어떤 것도 받아들이지 않더라도, 진정한 신앙을 갖고 있습니다. 그렇다면 토마스 아퀴나스는 완전히 틀렸습니다. 더욱이 교회는 삼위 일체, 육화, 대속에 또 다른 신앙 조항들을 덧붙이면서, 신약과 반대로 갑니다. 성 요한에 따르면, 교회가 파문해도 되었던 사람들은 육화를 부인한 가현설假現説 지지자들 docétistes뿐입니다.『트리엔트 공의회 교리서』가 정의한 신앙 (교회가 가르치는 모든 것에 대한 확고한 믿음)[100]은 성 요한의

---

97 마태오 복음 12장 31~32절, 마르코 복음 3장 29절, 루가 복음 12장 10~11절.
98 요한의 첫째 편지 4장 8절.
99 요한의 첫째 편지 4장 2절, 5장 1절.

101

정의와는 한참 동떨어진 것입니다. 성 요한에게 신앙이란, 순수하고도 단순하게, 예수라는 인물에 신의 아들이 육화됐다는 믿음일 뿐입니다.

모든 게 다음처럼 진행됐습니다. 즉 시간이 흐름에 따라 예수가 아닌 교회를 여기 이곳에 육화된 신처럼 여기게 되었다는 것. '신비체'神秘體라는 은유는 이 두 관념을 이어 주는 다리로 작용합니다.[101] 하지만 작은 차이가 있지요. 즉 그리스도는 완전한 반면, 교회는 수많은 범죄로 얼룩져 있습니다.

신앙에 대한 토마스 아퀴나스의 개념은 히틀러가 만들어 낸 것 같은 또는 그보다 더 숨 막히는 '전체주의'를 함축합니다. 만일 마음이 교회에서 엄격한 신앙으로 인정한 모든 것뿐 아니라, 언젠가 그렇게 인정할 모든 것마저 완전히 수용해야 한다면, 지성은 재갈에 물려 노예적 활동에만 한정될 것이기 때문입니다.

신비주의자들은 '베일'이나 '반영' 같은 은유를 신앙에 대해 사용함으로써, 그런 숨 막힘에서 빠져나올 수 있었습니다. 신비주의자들은 교회의 가르침이 진실이라고 여기지 않습니

---

100   베유는 『전집』 VI-4권 115쪽에서 『트리엔트 공의회 교리서』 1부로부터 다음 글을 인용합니다. "신이 인간에게 전해 준 그 앎은 다른 것이 아니라 바로 신앙입니다. 그 신앙으로 인해 우리는 우리의 어머니, 성스러운 교회가 신이 계시한 것으로 제시하는 모든 걸 어떤 망설임도 없이 확실한 것으로 받아들입니다."

101   베유는 『신을 기다리며』에 실린 「영적 자서전」 59~60쪽에서 신비체 개념을 비판합니다.

다. 다만 그 배후에서 진실을 찾을 수 있는 어떤 것이라고 여길 뿐이지요.

이는 『트리엔트 공의회 교리서』가 정의한 신앙과는 완전히 동떨어진 것입니다. 그래서 사태는 그리스도교라는 같은 이름 아래, 동일한 사회적 조직 안에, 두 개의 종교가 존재하듯이 펼쳐집니다. 두 개의 종교란 신비주의자들의 종교와 그 밖의 사람들의 종교입니다.

저는 신비주의자들의 종교가 진짜라고 믿습니다. 그 둘 사이의 혼동은 큰 이점이기도 했지만 큰 장애이기도 했습니다.

성 요한의 말에 따르면, 교회는, 그리스도가 여기 이곳의 몸에 육화한 신의 아들임을 진정으로 믿는 그 누구도 파문할 권리가 없습니다.

"신이 존재하고 그를 믿는 사람들에게 보답한다는 것을 믿는 것"이라는 사도 바울의 정의[102]는 더욱 폭넓습니다. 이 정의 또한 토마스 아퀴나스나 트리엔트 공의회의 정의와는 어떤 공통점도 없습니다. 심지어 모순이 되지요. 어떻게 감히 확언할 수 있겠습니까? 이단들 가운덴 신을 찾는 사람이 아무도 없다고.

<15> 고대법 안의 사마리아인들은 교회가 규정한 이단들과 같습니다. (여럿 가운데 한 예를 들자면) 카타르파의 '파르페들'과 수많은 신학자 사이의 관계는 비유 속의 사마리아인

---

102   히브리인들에게 보낸 편지 11장 6절.

과 사제 및 레위 사람의 관계와 같습니다.[103] 그렇다면 시몽 드 몽포르[104]의 살육 행위를 방치하고 북돋웠던 사람들은 어떻게 여겨야 할까요?

<16> 제가 아는 한에선, 선악 관계에 대한 마니교의 관념과 그리스도교의 관념 사이에는 진정한 차이—표현 양식을 제외하곤—가 없습니다.

<17> 마니교의 전통은, 우리가 충분한 경건함과 주의력을 기지고 연구한다면 틀림없이 신실을 찾을 수 있을 전통들 가운데 하나입니다.

<18> 노아는 그리스도의 한 형상입니다(오리게네스를 참조하세요[105]).[106] 노아는 완전한 의인으로, 그가 바친 제물은 신을 기쁘게 했고 인류를 구원했습니다. 신은 그를 통해 모든

103   루가 복음 10장 29~37절.

104   Simon de Monfort(1164~1218). 카타르파와 남프랑스 주민들을 잔혹하게 살육한 '알비 십자군'의 총지휘관입니다.

105   오리게네스(185/6~254/5)는 알렉산드리아 출신의 그리스 교부이고, 신학자, 철학자, 주석가입니다. 『원리론』(이성효 외 옮김, 아카넷, 2014)과 『켈수스를 논박함』(임걸 옮김, 새물결, 2005) 등이 번역돼 있습니다. 『전집』의 편집자 주에 따르면, 노아와 관련해서 베유가 준거한 오리게네스의 책은 『창세기에 관한 교리 문답』 2권입니다.

106   이 18번의 모든 내용과 관련해선 「노아의 세 아들과 지중해 문명사」를 참조하시기 바랍니다.

사람과 계약을 맺었고, 그의 만취와 벌거벗음은 아마도 신비적인 의미로 이해되어야 할 것입니다. 하지만 히브리인들은 그 이야기를 왜곡했습니다. 셈족들처럼, 가나안인들을 살해한 사람들처럼 말입니다. 함은 노아가 받은 계시를 공유하지만, 셈과 야벳은 등을 돌립니다.

알렉산드리아의 클레멘스[107](『잡기』*Stromates*, VI, 6)가 인용한 어떤 영지주의자는 단언합니다. 페레퀴데스[108](피타고라스의 스승)의 알레고리적 신학은 '함의 예언들'에서 차용한 것이라고(페레퀴데스는 시리아인이고 "제우스는 창조의 시점에 에로스로 변합니다…"라고 말했습니다). 그 함은 노아의 아들 함일까요?

계보에 따르면 그렇습니다. 즉 이집트인들, 펠리시데인들(다시 말해, 거의 틀림없이, 에게-크레타인들과 펠라스고이인들), 페니키아인들, 수메르인들 그리고 가나안인들이 함에게서 비롯됐습니다. 역사 시대 바로 이전의 모든 지중해 문명이 함에게서 비롯됐다는 것입니다.

헤로도토스는 많은 지표에 근거해 다음처럼 단언합니다. 즉 헬라스인들이 모든 형이상학적이고 종교적인 앎을 이집

---

107   150~215. 알렉산드리아 학파의 신학자이자 철학자이고 오리게네스의 스승입니다. 『어떤 부자가 구원받는가?』(하성수 역주, 분도출판사, 2018)라는 책이 번역돼 있습니다.

108   기원전 6세기의 철학자로, 그리스의 쉬로스섬에서 태어났습니다. 『소크라테스 이전 철학자들의 단편 선집』에 그에 대한 자료들이 실려 있습니다.

트인들에게서 가져왔다는 것. 페니키아인들과 펠라스고이인들의 매개를 거쳐서 말입니다.[109]

또 우리는 알고 있습니다. 바빌론인들이 그들의 전통을 수메르인들로부터 가져왔다는 것을. 그러므로 '칼데아 지방의 지혜'도 수메르인들에까지 거슬러 오르는 것입니다.

(마찬가지로 갈리아 지방의 드루이드교는 켈트적인 게 아니라 이베리아적인 것임이 거의 확실합니다. 디오게네스 라에르티오스에 따르면, 몇몇 그리스인은 그리스 철학의 한 기원을 드루이드교에서 찾습니다. 이는 켈트족이 갈리아 지방에 뒤늦게 도착했음을 말해 줍니다.)[110]

에제키엘(에스겔)에선 헤로도토스가 우리에게 알려 준 것을 전적으로 확인해 줍니다. 이집트를 생명의 나무에 비교하고 티로(레바논의 도시)를 생명의 나무를 지키는 천사 게루빔에 비교하는 빛나는 구절들을 통해서 말입니다.[111]

함에게서 비롯된 민족들은, 그리고 특히 이집트는, 진정한 종교, 즉 사랑의 종교를 알았던 것 같습니다. 그 사랑의 종교에서 신은 희생당하는 제물인 동시에 전능한 스승maître입니다. 셈이나 야벳에서 생겨난 민족들 가운데 어떤 민족들— 바빌론, 켈트, 헬레나 같은—은 함에게서 비롯된 민족들을 정복하고 장악한 뒤에 그런 계시를 물려받습니다. 그 가운데 또

109   헤로도토스, 『역사』, 2권 50장 이하.
110   「노아의 세 아들과 지중해 문명사」 47쪽을 참조하시기 바랍니다.
111   에제키엘 31장 2~9절.

다른 민족들—로마나 히브리—은 교만과 민족적인 힘에의 의지로 인해 계시를 거부합니다. (히브리 민족에선 다니엘, 이사야, 욥기의 저자 그리고 몇몇 사람을 예외로 해야 합니다. 로마 민족에선 마르쿠스 아우렐리우스〔16대 황제, 161~180년 재위〕그리고 어떤 의미에선 플라우투스[112]나 루크레티우스[113] 같은 사람들이 예외일 겁니다.)

그리스도는 이 유별난rebelles 두 민족에 속하는 영토에서 태어났습니다. 그럼에도 그리스도적 종교의 핵심을 이루는 영감은 펠라스고이, 이집트, 함의 종교와 자매 관계에 있습니다.

물론 이스라엘과 로마는 그리스도교에 자신들의 각인을 남깁니다. 즉 이스라엘은 구약을 그리스도교에 성스러운 텍스트로 기입합니다. 로마는 그리스도교를 제국의 국교로 삼는데, 그것은 히틀러가 꿈꾼 어떤 것이었지요.[114]

거의 원천적이라 할 수 있을 이런 이중의 오염은 여러 세기에 걸쳐 참으로 잔혹한 교회의 역사를 만들어 낸 모든 오염의 바탕을 이룹니다.

그리스도의 십자가형 같은 참혹한 일이 벌어질 수 있는 곳은 악이 선을 완전히 압도한 곳뿐입니다. 그리고 또한 그런

---

112   기원전 254~184. 로마의 희극 작가입니다.

113   기원전 94?~55? 로마의 철학자이고 『사물의 본성에 관하여』(강대진 옮김, 아카넷, 2012)가 번역돼 있습니다.

114   이와 관련해선 『전집』 VI-4권 248~249쪽을 참조하시기 바랍니다.

곳에서 탄생하고 성장한 교회는 애초부터 순수할 수 없고 계
속 순수하지 못할 것입니다.

<19> 교회는 어떤 관계 아래에서만 순수할 수 있습니다.
성사聖事들을 보존하는 존재로서 말입니다.[115] 완전한 건 교회
가 아니라 제단 위에 놓인 그리스도의 몸과 피입니다.

<20> 교회가 무오류의 존재는 아닐 것입니다. 교회는 실
제로 진화하기 때문입니다. 중세에는 "교회 바깥엔 구원은
없다"는 말이 교회의 최고 권위magistère général에 의해 문자
그대로 받아들여졌습니다. 적어도 자료들이 그걸 입증합니
다. 하지만 오늘날엔 그 말의 '교회'가 '보이지 않는 교회'임을
이해합니다.

공의회는 "〔…〕 물과 성령으로 새로 태어나지 않은 사람
은 〔…〕"[116]이라는 그리스도의 말에서 물이 세례의 물임을 믿
지 않는 사람은 저주받아야 한다고 합니다.[117] 그렇다면 오늘
날의 모든 사제가 저주받아야 합니다. 오늘날엔 세례를 받지
도 원하지도 않은 누군가가 구원을 받는다면, 그가 틀림없이

115 『전집』의 편집자 주에 따르면, 베유는 모리스 쉬망에게
보낸 편지에서 "그리스도교의 성사는 감각적인 매체signe를 통한
신과의 접촉"이라고 합니다.
116 요한 복음 3장 5절.
117 『전집』의 편집자 주에선,『트리엔트 공의회 교리서』의
세례 성사에 관한 교리 2조를 참조하라고 합니다.

어떤 상징적 의미의 물과 성령으로 세례를 받았으리라고 여기는 게 일반적이기 때문입니다. 즉 '물'이란 단어를 상징적으로 여긴다는 것입니다.

공의회는 특별한 계시 없이도 최종적 구원을 확신한다고 말하는 사람들은 저주받아야 한다고 선언합니다.[118] 리지외의 소화 데레사는 죽기 얼마 전 어떤 계시도 내세우지 않으면서 자신의 구원을 확신한다고 말했습니다. 그럼에도 그는 성인품에 올랐습니다.

어떤 것에 대해 그것이 엄격한 신앙인지를 여러 사제에게 묻는다면, 대답들은 상이할 것이고, 종종 불확실한 것들일 것입니다. 그래서 어찌해 볼 도리가 없는 상황이 생겨납니다. 반면, 체계édifice는 지나치게 엄격합니다. 토마스 아퀴나스가 앞서 인용한 확언을 내뱉을 수 있었을 정도로.

<21> 특히 가시적인 교회 바깥에서도 구원받을 수 있다는 믿음은 우리에게 요청합니다. 완전한 비정합성이라는 난관에도 불구하고 신앙의 모든 요소를 새롭게 검토할 것을. 모든 체계는 오늘날 누구도 감히 지지하려 하지 않는 모순적인 확언을 중심으로 구축되어 있기 때문입니다.

사람들은 그런 재검토의 필요성을 아직 인정하려 하지 않습니다. 아주 천박한 책략으로 거기에서 빠져나오려 할 뿐이

---

118 『전집』의 편집자 주에선, 『트리엔트 공의회 교리서』의 의로움의 인정에 관한 교리 16조를 참조하라고 합니다.

지요. 즉 납땜한 대용품들과 부조리한 논리의 오류들로 탈구脫臼된 것들을 가리려 할 뿐입니다.

교회는, 그 필요성을 조만간 인정하지 않는다면, 소명을 완수하지 못할 수 있음을 염려해야 할 것입니다.

'새로운 탄생' 없이는, 내적인 빛 없이는, 그리스도와 성령의 영혼 속 현존 없이는, 구원은 없습니다. 그리하여 교회 바깥에도 구원의 가능성이 있다면, 그리스도교 바깥에도 개인적이거나 집단적인 계시의 가능성이 있습니다. 그렇다면 진정한 신앙이란 이러저러한 의견을 믿는 것과는 아주 다른 형태의 귀속됨adhésion일 것입니다. 즉 신앙의 개념을 다시 생각해야 합니다.

<22> 사실상 거의 모든 종교적 전통의 신비주의자들은 서로 합류합니다. 거의 일치에 이를 정도로. 신비주의자들은 각각 제 몫의 진실을 이룹니다.

인도, 그리스, 중국 등지에서 행해지는 명상은 그리스도교 신비주의자들의 명상〔觀想〕만큼이나 초자연적인 것입니다. 특히 플라톤과 이를테면 십자가의 성 요한은 무척이나 밀접합니다.[119] 또 힌두교의 『우파니샤드』와 십자가의 성 요한도 그렇습니다.[120] 도교도 그리스도교 신비신학과 매우 가깝지요.

119 『전집』 IV-2권에 실린 「플라톤의 신」의 여러 곳을 참조하시기 바랍니다.

오르페우스주의와 피타고라스주의는 진정한 신비주의적 전통들이었습니다. 엘레우시스 비밀 의식 또한 그렇지요.

<23> 완전한 존재를 살해한 참혹한 범죄 뒤에 인류가 더 나아졌다고 가정할 어떤 근거도 없습니다. 실제로 인류는 더 나아진 것 같지 않습니다. 전반적으로 보아서 말입니다.

속량은 다른 차원, 즉 영원한 차원에 위치합니다.

일반적으로, 시간의 흐름에 따라 더욱 완전해질 수 있다는 근거는 없습니다.

그리스도교는 이전엔 존재하지 않았던 진보 개념을 세계에 가져다주었습니다. 하지만 현대 사회의 독약이 된 그 개념은 세계를 탈그리스도교화했습니다. 그러니 진보의 개념을 내버려야 합니다.

영원을 찾기 위해 연대기라는 미신을 해체해야 합니다.

<24> 신앙의 교리들dogmes은 단언할 수 없는 것들입니다. 그 교리들은 일정한 거리를 두고서, 주의注意와 존중과 사랑을 갖고서, 관조해야 할 것들입니다. 그것들은 관조하는 사람을 누구든 살리는 청동 뱀입니다.[121] 그처럼 주의 깊고 사랑을 갖춘 시선은, 여기 낮은 곳의 인간 삶의 모든 측면을 밝혀 주

120　베유는 『전집』 IV-2권 445쪽에 실린 짧은 메모에서 선시禪詩 몇 편을 인용하면서 십자가의 요한과, 그리고 『우파니샤드』 한 구절의 '떨어져 나오기'détachement 개념과 연결 짓고 있습니다.

는 빛의 원천이 영혼 속에서 솟아오르게 해 줍니다. 반작용의 충격으로 말입니다. 사람들이 단언을 하자마자 교리들은 곧바로 이런 미덕을 상실합니다.

'예수 그리스도는 신'이라는 명제나 '축성된 빵과 포도주는 그리스도의 살과 피'라는 명제는 사실로서 말해질 때 모든 의미를 가차 없이 상실합니다.

그 명제들의 가치는 어떤 사실(예컨대 '살라자르는 포르투갈의 정부 수반이다' 같은)이나 기하학적 정리의 정확한 진술 속의 진실과는 절대적으로 다른 것입니다.

그 가치는 임밀히 말해 진실의 실서보다 더 높은 질서에 속합니다. 그 가치는 지성으로 포착될 수 있는 게 아니기 때문입니다. 그 결과를 통해 간접적으로 포착되는 게 아니라면 말입니다. 반면, 좁은 의미의 진실은 지성의 영역에 속합니다.

<25> 기적들은 신앙의 증거가 아닙니다(어떤 공의회에선지 모르겠지만 이 명제는 저주를 받았습니다).

기적들이 신앙의 증거가 된다는 건 너무 과한 것입니다. 모든 종교는 언제나 자신만의 기적들을 지녀 왔고 또 지니고 있기 때문입니다. 제일 기괴한 종파들까지 포함해서 말입니다. 관건이 되는 건 루키아노스가 말한 죽은 사람들의 부활 같은 것입니다.[122] 힌두교 전승은 그런 얘기로 가득 차 있지만,

---

121 민수기 21장 4~9절과 지혜서 16장 5~14절을 참조하시기 바랍니다.

인도에선 오늘날에조차 기적들이 너무 하찮은 것이어서 아무 흥미도 불러일으키지 않는다고 합니다.

그리스도교의 기적들만이 유일하게 진짜고 다른 모든 건 가짜라고 하거나, 그리스도교의 기적들만이 신이 지어낸 것이고 다른 모든 건 악마가 지어냈다고 하는 건 비참한 궁여지책입니다. 그런 말은 자의적인 단정들이고, 그처럼 말하는 순간부터 기적은 아무것도 입증하지 못합니다. 기적들은 그 자체가 입증될 필요가 있는 것들입니다. 외부로부터 진정성의 소인消印을 받아야 하는 것들이기 때문입니다.

우리는 예언과 순교에 대해서도 같은 말을 할 수 있습니다.

그리스도가 언급한 자신의 ἔργα καλά[123]는 기적으로 옮길 이유가 없습니다. '좋은 일'이나 '아름다운 행위'로 옮기면 적합할 것입니다.

제가 이해한 바에 따르면 그리스도는 이렇게 생각했습니다. 자신이 꾸준히 그리고 전적으로 선을 행했으므로, 사람들이 자신을 성인聖人으로 여겨야 한다고 말입니다.

122　루키아노스(120?~180?)는 고대 로마의 그리스 풍자 작가입니다.『전집』의 편집자 주에 따르면, 베유는 그의『거짓말에 대한 사랑』*Philopseudes* 14장 26절에 준거해서 이 말을 하고 있습니다. 베유는『뿌리내림』284쪽에서 루키아노스의 얘기들이 "그리스도교를 옹호하는 기적들의 가치를 묘하게 떨어뜨린다"고 하고 있습니다.

123　요한 복음 10장 32절.

그리스도는 이렇게 말했습니다. "제가 일들을 하지 않았으면 그들〔박해자들〕에겐 죄가 없었을 것입니다."[124] 그러나 또한 두 가지 것〔일과 말〕을 똑같이 여겨 이렇게도 말했습니다. "제가 말들을 하지 않았으면 그들〔박해자들〕에겐 죄가 없었을 것입니다."[125] 그런데 그의 말들은 전혀 기적적이지 않습니다. 단지 아름다울 뿐입니다.

기적이라는 개념 자체가 서양적이고 현대적입니다. 즉 과학적 세계관에 연결된 개념이라는 것입니다. 과학적 세계관과 공존 불가능한 것임에도 말입니다. 힌두교도들은 우리가 기적이리 여기는 걸 다음처럼 간주합니다. 즉 매우 드문 사람들, 특히 성인들이 갖춘 예외적인 능력의 자연스러운 발현으로 말입니다. 그러므로 기적들은 성인임을 추정하게 하는 징표를 이루는 것이지요.

복음서에 나오는 '기적들'signes이란 단어가 뜻하는 것도 단지 그것일 뿐입니다. 그 외의 다른 것이 아니지요. 결국 그리스도는 이렇게 말했습니다. "많은 사람이 제게 '우리가 당신 이름으로 기적들signes을 행하지 않았습니까?'라고 말할 것입니다. 하지만 저는 그들에게 이렇게 답할 것입니다. '물러가세요, 악을 짓는 사람들이여'라고."[126] "가짜 예언자들과 가짜 그리스도들이 나타나서 기적들signes과 놀라운 일들을 행

---

124   요한 복음 15장 24절.
125   요한 복음 15장 22절.
126   마태오 복음 7장 22~23절, 루가 복음 13장 27절.

할 것입니다. 어떻게 해서든 선택받은 사람들마저 속아 넘기려고 말입니다."[127] 요한 묵시록(13장 3~4절)에선 적그리스도의 죽음과 부활을 말하지요.

신명기에선 이렇게 말합니다. "어떤 예언자가 새로운 신에 대해 말하면, 그가 기적을 행하더라도 죽이세요."[128]

유대인들이 그리스도를 죽인 게 잘못한 일인 것은, 그리스도가 기적을 행한 존재이기 때문이 아닙니다. 그리스도의 삶이 성스러웠고 말들이 아름다웠기 때문입니다.

기적이라 칭해지는 사실들의 역사적 진정성에 대해선, 그것을 단호하게 긍정하거나 부인할 만한 충분한 근거가 없습니다.

만일 그것들의 진정성을 받아들인다면, 그 사실들을 바라보는 다양한 방식이 가능할 겁니다.

그리고 그 가운데 어떤 건 과학적 세계관에 부합할 것입니다. 그 이유만으로 그 방식은 선호할 만하지요. 과학적 세계관은, 만일 제대로 이해됐다면, 진정한 신앙과 분리될 수 없습니다. 신은 이 우주를 제2원인들[129]에 맡겨진 직물처럼 창조했습니다. 그 직물에 구멍들이 있다고 생각하는 건 경건하지 못한 일일 겁니다. 만일 그랬다면, 신이 자신의 노동을 빈틈없이 완수하지 못한 것이니까요.

---

127   마태오 복음 24장 23~24절, 마르코 복음 13장 22절.
128   신명기 13장 2~4, 6절.
129   신 자신이 원인인 제1원인이 아니라, 자연 필연성에 내재한 제2원인들을 말합니다.

만일 그런 구멍들이 있다면, 신이 아무 잘못 없이 불행에 처한 사람들을 구하려 하지 않는다는 건 스캔들이지요. 결백한 사람들의 불행 앞에서 영혼이 체념한다면, 필연성을 관조하고 받아들이기 때문입니다. 필연성이란 제2원인들의 엄격한 연쇄이지요. 만일 그런 필연성이 없다면, 우리는 결백한 사람의 불행이라는 사실 자체를 부인하려고 작위적으로 일들을 꾸며 낼 것입니다. 그리하여 인간 조건에 대한 모든 지성적 앎과 그리스도교적 관점의 핵심 자체를 부정할 겁니다.

　　기적적이라고 말해지는 사실들은 과학적 세계관과 공존할 수 있습니다. 충분히 빌진한 과학이 기적적 사실들을 설명할 수 있으리라는 것을 공리postulat로 인정한다면 말입니다.

　　이 공리는 기적적 사실들과 초자연적인 것의 연결을 부정하지 않습니다.

　　한 가지 사실은 초자연적인 것과 세 방식으로 연결될 수 있습니다.

　　특정한 사실들은 다음의 것들의 효과일 수 있습니다. 살 chair 속에서 벌어지는 일, 영혼에 대한 악마의 작용, 신의 행위. 그리하여 어떤 사람이 몸이 아파 눈물을 흘릴 때, 그 곁의 다른 사람은 순수한 사랑으로 신을 생각하면서 눈물을 흘릴 수 있습니다. 이 두 경우 모두 눈물을 흘립니다. 그 눈물들은 심리-생리학적 메커니즘의 효과들이지요. 그런데 그중 한 경우엔 그 메커니즘의 한 톱니가 초자연적입니다. 자애charité 가 바로 그것이지요. 이런 뜻에서, 눈물은 일상의 흔한 현상이지만, 명상에 깊이 몰입한 성인의 눈물은 초자연적입니다.

그런 의미에서, 오직 그런 의미에서만, 성인의 기적들은 초자연적입니다. 그것들은 자애의 모든 물질적 효과와 똑같은 자격으로 초자연적이지요. 순수한 자애에 따른 보시는 물 위를 걷는 것과 같은 중요성을 갖는 초자연적인 일입니다.

물 위를 걷는 성인은 눈물을 흘리는 성인과 모든 점에서 유사합니다. 이 두 경우엔 모두 심리-생리학적 메커니즘에 자애로 이루어진 톱니가 하나씩 있습니다. 그것이 초자연적인 일입니다. 자애가 그 메커니즘의 톱니라는 것 말입니다. 그리고 효과가 눈에 보입니다. 한 가지 경우엔 물 위를 걷는 게 눈에 보이는 효과고, 다른 경우엔 눈물이 그런 효과입니다. 첫째 경우는 좀 더 드뭅니다. 그게 유일한 차이이지요.

살만으로는 결코 지어낼 수 없는 특정한 사실들이 있을까요? 초자연적인 사랑이나 악마적인 증오가 톱니를 이루는 메커니즘만이 지어낼 수 있는 사실들이 있을까요? 물 위를 걷는 건 그런 사실일까요?

그럴 수 있습니다. 하지만 그런 것을 확언하거나 부인할 수 있기엔 우리는 너무 무지합니다.

살이나 악마적인 증오로는 지어낼 수 없는 사실들이 있을까요? 자애가 톱니를 이루는 메커니즘만이 지어낼 수 있는 사실들이 있을까요? 그런 사실들은 성스러움의 명확한 지표일 것입니다.

아마도 그런 사실들이 있을 겁니다. 하지만 확언하거나 부인하기엔 우리는 여전히 무지합니다. 그리고 바로 그렇기 때문에, 그런 사실들이 존재하더라도 우리는 어떻게 사용해야 할지 모릅니다. 우리는 그것들을 기준으로 사용할 수도 없는데, 어떤 확실성도 가질 수 없기 때문입니다. 불확실한 어떤 게 다른 어떤 걸 확실하게 해 줄 수는 없습니다.

중세 때는 성스러움에 대한 물질적 지표를 찾는 데 열중했습니다. 연금술의 돌을 찾은 것도 그래서입니다. 성배聖杯를 찾은 것도 같은 이유 때문이었던 걸로 보입니다.

진짜 연금술의 돌, 진짜 성배는 성체聖體입니다. 그리스도는 기적을 어떻게 생각해야 하는지 우리에게 알려 주었습니다. 보이지 않는, 어쩌면 완전히 인습적인conventionnelle(하지만 신이 비준한 인습입니다) 기적을 교회의 중심에 위치시킴으로써 말입니다.

신은 숨어 있고자 합니다. "당신의 아버지는 비밀 속에 머무릅니다."[130]

히틀러는 쉰 번이나 죽고 다시 부활할 수 있을 겁니다. 그렇다고 제가 그를 신의 아들로 여기지는 않을 겁니다. 만일 복음서들이 그리스도의 부활에 대해 얘기하지 않았다면, 저는 더 쉽게 믿을 수 있었을 것입니다. 십자가만으로 제겐 충분합니다.[131]

제게 증거는, 진정으로 기적적인 것은, 수난 이야기의 완전한 아름다움입니다. 그건 이사야("멸시를 받고 학대당했지만 입을 열지 않았습니다")[132]나 사도 바울("신의 조건 속에 있으면서도 예수는 신과의 동등성을 내세우려 하지 않았습니다.

---

130   마태오 복음 6장 4절.

〔…〕그는 자신을 비웠습니다.〔…〕그는 자신을 낮췄습니다. 죽음에 이르기까지 복종하는 존재로. 십자가에 달려서 죽기에 이르기까지.[133] 〔…〕그는 저주를 받았습니다."[134])의 벼락 같은 이야기들과 결합해 있습니다. 바로 그것이 저를 믿게 합니다.

제가 기적들에 대해 무관심하다는 사실이 저 자신을 거북하게 하지는 않습니다. 공의회가 행한 저주와 무관하게 말입니다. 부활이 다른 사람들에게 행한 역할을 제겐 십자가 해주기 때문입니다.

다른 한편, 만일 교회가 이른바 기적적인 사실들에 대해 만족할 만한 독트린을 명확히 제시하지 못한다면, 많은 영혼이 종교와 과학의 표면적인 공존 불가능성으로 인해 길을 잃을 것입니다. 그리고 또 다른 많은 영혼도 길을 잃을 것입니다. 신이 특별한 의도를 갖고 제2원인들의 직물 속에 종종 개입해서 특별한 사실들을 지어낸다고 믿기 때문이고, 그리하여 신이 개입하지 않은 모든 참혹한 일의 책임을 신에게 돌릴 것이기 때문입니다.

---

131   베유는『신을 기다리며』에 실린 1942년 4월 16일 자 편지에선 "적어도 착한 강도의 십자가라도 같이 지고 싶습니다. 〔…〕저는 그 착한 강도가 단연코 가장 부럽습니다"라고 하고(34쪽), 같은 해 5월 15일경의 편지(영적 자서전)에선 "그리스도께서 십자가에 못 박히심만을 생각할 때마다 질투의 죄를 저지"른다고 합니다(62쪽).

132   이사야 53장 3, 7절.

133   필립비인들에게 보낸 편지 2장 6~8절.

134   갈라디아인들에게 보낸 편지 3장 13절.

기적에 대한 흔한 생각들은 신의 의지를 조건 없이 받아들이는 걸 가로막거나, 세계에 존재하는 악의 빈도와 성격에 눈을 감게 합니다. 그처럼 눈을 감는 건 수도원 경내 깊은 곳이나 한정된 공간 안의 세계에선 손쉬운 일일 겁니다.

또 우리는 경건하고 성스럽기조차 한 많은 영혼에게서 통탄할 만한 경박함을 마주합니다. 인간의 조건에 그처럼 눈을 감고 있다면, 용기는 결코 써질 수 없었을 겁니다. 그런 영혼들은 한쪽에선 죄인들만을, 다른 쪽에선 찬양하며 죽는 순교자들만을 봅니다. 바로 이런 이유로, 그리스도교 신앙은 맞물리지 못하고, 들불처럼 영혼에서 영혼으로 퍼져 나가지 못합니다.

끝으로, 만일 기적이 사람들이 부여한 성격, 의미, 가치를 갖는다면, (루르드나 다른 곳의 기적에도 불구하고) 오늘날 기적의 희소성은 교회가 더 이상 신에게 속하지 않음을 말해 주는 것일 수 있습니다. 부활한 그리스도가 이렇게 말했기 때문입니다. "믿고 세례를 받는 사람은 구원을 받을 것입니다. 믿지 않는 사람은 정죄될 것이고요. 믿는 사람들의 징표는 이렇습니다. 즉 그들은 제 이름으로 마귀들을 내쫓을 것이고, 새로운 언어를 말할 것이며, 손으로 뱀을 쥘 것입니다. 치명적인 독을 마셔도 해를 입지 않고, 손을 얹으면 병이 나을 것입니다."[135]

이 기준에 따르면 오늘날 믿는 사람은 얼마나 될까요?

---

135   마르코 복음 16장 15~18절.

(다행히도 이 텍스트는 어쩌면 진짜가 아닐 겁니다. 불가타 Vulgate 성서[136]는 이 텍스트를 받아들이지만 말입니다.)

<26> 신앙의 신비는 긍정하거나 부정하는 능력인 지성의 대상이 아닙니다. 신앙의 신비는 진실의 질서에 속하는 게 아니고, 그 너머에 있는 것이지요. 그 신비와 직접 만날 수 있는 사람 마음âme의 유일한 부분은 초자연적 사랑의 능력입니다. 그러므로 초자연적 사랑의 능력만이 그 신비에 끼어들 수 있습니다.

지성을 비롯한 마음의 다른 능력들의 역할은 다음 것들을 인정하는 것뿐입니다. 즉 초자연적 사랑은 실재들réalités과 관계한다는 것, 그리고 그 실재들은 자신들의 대상보다 상급의 것이라는 것. 또 마음속에서 초자연적 사랑이 생생하게 깨어날 때, 침묵을 지켜야 한다는 것.

자애charité의 미덕은 초자연적 사랑의 능력을 실행하는 것입니다. 신앙foi의 미덕은 마음의 모든 능력을 초자연적 사랑의 능력에 종속시키는 것이지요. 소망의 미덕은, 전적으로 온전하게 사랑일 수 있도록 마음을 변화로 이끄는 것입니다.[137]

---

136 4세기 말에 번역된 라틴어 성서. 16세기의 트리엔트 공의회에서 공인된 유일한 라틴어 성서입니다.

137 베유는 믿음, 소망, 사랑의 세 가지 미덕에 대해 말하고 있는 것 같은데, 베유의 용어 선택에 따라 믿음과 사랑을 신앙과 자애로 번역했습니다.

다른 능력들은 사랑의 능력에 스스로를 종속시키기 위해, 사랑 안에서 자신의 고유한 선善을 찾아야 합니다. 특히 사랑 다음으로 귀중한 지성도 그런 선을 찾아야 하고, 또 실제로 그걸 찾습니다.[138]

사랑이 마음 전체를 장악할 수 있게 침묵을 지켰던 지성은 다시 새롭게 활동을 합니다. 이젠 전보다 더 많은 빛을 간직하고서. 대상들, 즉 자신에게 맡겨진 진실들을 포착할 더 큰 능력을 갖추고서.

더욱이 저는 믿습니다. 그 침묵들은 지성에게 그 어떤 것보다도 뛰어난 가르침을 제공한다고. 침묵하지 않았다면 영원히 감춰져 있을 진실들을 포착하게 해 주면서 말입니다.

지성이 손을 내밀어 붙잡을 수 있는 진실들이 있습니다. 하지만 지성은 이해할 수 없는 것l'inintelligible을 침묵 속에서 통과한 다음에야 그 진실들을 붙잡을 수 있습니다.

십자가의 성 요한이 신앙을 밤이라고 칭하면서 말하려던 게 바로 그것일 것입니다.

지성은 사랑에 대한 이런 종속이 가져다주는 이점들을 단지 경험을 통해서만 알 수 있습니다. 지성이 그걸 미리 예감할 순 없지요. 지성은 그런 종속을 받아들일 어떤 합리적인 동기도 없습니다. 그러므로 그런 종속은 오직 신만이 지어낼 수 있

138   베유는 『전집』 VI-4권 173~174쪽에 실린 노트에서, 모순을 끝까지 밀어붙임으로써 신비에 가닿는 길을 뚫는 지성의 방식을 말하는데, 그것이 지성 고유의 선일 수 있겠습니다.

는 초자연적인 일입니다.

초자연적 사랑을 향해 마음 전체에 스며드는, 기껏해야 한순간 정도인, 첫 번째 침묵은 씨 뿌리는 존재Semeur가 심은 씨앗입니다.[139] 그것은 겨자씨로,[140] 눈엔 가까스로 보이지만, 언젠가는 십자가의 나무가 될 것입니다.

마찬가지로, 완벽하게 아름다운 음악에(건축이나 그림에 대해서도) 완전히 주의를 집중할 때, 지성은 거기서 긍정하거나 부정할 어떤 걸 발견하려 하지 않습니다. 지성을 포함한 마음의 모든 능력은 다만 침묵을 지키면서 귀를 기울일 뿐이지요. 우리는 실재와 선을 내포한 이해할 수 없는 대상을 듣습니다. 그리고 지성은 거기서 어떤 진실도 붙잡지 못하더라도, 양식糧食을 얻습니다.

제 생각엔, 자연과 예술(완전하거나 거의 그런 일급의 예술)이 갖춘 아름다움의 신비는 신앙의 신비를 반영하는 것입니다.

<27> 신앙의 신비를 둘러싼 교회의 세부 규정들이나 처벌 조항들(…anathema sit〔저주받아 마땅하다〕)은 존중심을 갖고 주의를 기울이는 태도를 항구적이고 무조건적으로 만들어 냈지요. 하지만 진정한 동의adhésion를 생성시키진 못했

139　마태오 복음 13장 3~9절, 마르코 복음 4장 2~9절, 루가 복음 8장 5~8절.

140　마태오 복음 13장 31~32절, 마르코 복음 4장 30~32절, 루가 복음 13장 18~19절.

습니다.

결국 우리는 정죄된 의견들에 대해서도 똑같이 존중심을 지닌 주의를 기울여야 합니다. 그 의견들의 내용이나 그것들을 개진한 사람들의 삶에 조금이라도 선의 면모가 있다면 말입니다.

지성의 동의adhésion는 다른 어떤 것에 기인한 것일 수 없습니다. 지성의 동의는 어떤 수준에서도 결코 의지적인volontaire 것이 아니기 때문입니다. 오직 주의집중만이 의지적입니다. 또 주의집중만이 유일하게 강제될 수 있습니다.

만일 지성의 동의 자체를 의시적으로 불러일으키길 바란다면, 실제로 벌어지는 건 지성의 동의가 아니라 은밀한 주입suggestion입니다. 파스칼의 방법이 반복하는 게 바로 이것입니다.[141] 그것보다 더 신앙을 타락시키는 건 없지요. 그리고 늦건 빠르건 반드시 반작용이 생겨나게 되어 있습니다. 의심이나 '신앙에 대한 공격'의 형태로 말입니다.

지성을 강제obligation한다는 잘못된 관념만큼 신앙을 약화시키고 불신을 확산시킨 건 없습니다. 주의집중 자체를 제외하곤, 지성이 역할을 수행할 때 부과되는 모든 구속과 강제는 마음을 질식시킵니다. 지성뿐만 아니라 마음 전체를 말입니다.

141   이와 관련해선 『신의 사랑에 관한 무질서한 생각들』에 실린 「신의 사랑에 대한 무질서한 성찰들」 32~35쪽을 참조하시기 바랍니다.

<28> 신앙에 관한 교회의 재판권은 만일 주의집중에 대한 일정한 훈련을 지성에게 시킨다면, 좋은 것일 수도 있습니다. 또 지성이 자신에게 낯선 신비의 영역을 침범해서 엉뚱한 얘기들을 하는 걸 막는다면 말입니다.

하지만 신앙에 대한 교회의 재판권은 다음과 같은 점에서 전적으로 나쁜 것입니다. 지성이 자신의 고유한 일인 진실을 탐구하면서, 사랑에 대한 관조를 통해 마음에 스며든 빛을 완전히 자유롭게 사용하는 걸 가로막는다는 점에서 말입니다. 반면, 자신의 영역에서의 완전한 자유는 지성에게 핵심적입니다. 즉 지성은 완전히 자유롭게 행사되지 못한다면 침묵할 수밖에 없습니다. 그러므로 교회는 지성의 영역 안에선 어떤 재판권도 가지면 안 됩니다. 또 그래서 입증이 필요한 모든 '정의'定義는 정당하지 못합니다.

이를테면 '신은 존재한다'는 지성적 명제이기 때문에, 오직 그런 한에서만, 우리는 그 명제를 부정할 수 있습니다. 자애나 신앙에 대한 죄를 범하지 않으면서 말입니다. (그리고 임시로 행해지는 그런 부정은 철학적 탐구에서 필수적인 과정입니다.)

실제로 그리스도교는 출발하면서부터, 또는 거의 그때부터, 지성을 불편해했습니다.[142] 그 불편함은 자신의 재판권에

142　이와 관련해선『신을 기다리며』에 실린 편지 4(1942년 5월 15일경의 편지, 영적 자서전)의 56~60쪽을 참조하시기 바랍니다.

대한 교회의 관점 그리고 특히 '저주받아 마땅하다'anathema sit의 용법에 기인하는 것입니다.

지성에 대한 불편함이 존재하는 모든 곳에서는 사회적 사실[143]이 개인을 억압합니다. 그런 사회적 사실은 전체주의적이 되려는 경향성을 갖지요. 특히 13세기에 교회는 전체주의를 향한 첫걸음을 내딛습니다.[144] 그러니 교회가 지금의 사건들에 책임이 없는 게 아닙니다. 전체주의적 정당들이 형성되는 건 '저주받아 마땅하다'는 주문formule의 용법과 유사한 메커니즘의 효과로 인한 것입니다.

그 주문과 그 용법은 교회가 단지 이름뿐만이 아닌 진정한 가톨릭〔보편주의〕으로 존재하는 걸 가로막습니다.

<29> 그리스도교의 성립 이전에도 이스라엘이나 그 바깥의 어떤 사람들은 어쩌면 사랑 속으로, 신에 대한 앎 속으로 성스러운 그리스도인들만큼이나 깊이 파고들었을 것입니다.

그리스도가 출현한 이후 가톨릭 교회 바깥에 있었던 인류의 일부('이교도들', '이단들', '불신자들')도 마찬가지였을 겁니다. 더 일반적으로는, 그리스도가 출현한 다음에 인도 같은 비그리스도교 나라들보다 그리스도교 나라들에서 더 많은 사랑과 신에 대한 더 많은 앎이 있었을지는 의심스럽습니다.

143   베유는 이 용어를 개인에게 외재하는 사회적인 힘 또는 장벽이라는 뒤르켐적 의미로 사용하는 것 같습니다.
144   베유가 말하려는 것은 카타리즘의 절멸입니다.

<30> 태어난 지 며칠 안 된 두 아이가 죽었다고 해 봅시다. 한 아이는 세례를 받았고 다른 한 아이는 받지 않았습니다 (그리고 이 아이의 부모는 아이에게 세례를 받게 하려는 어떤 의도도 없었습니다). 하지만 이 두 아이의 영원한 운명엔 아마도 아무런 차이가 없었을 겁니다.

<31> 그리스도교적 영혼은 구약에 실린 글들 가운데 다음의 것들만을 받아들일 수 있습니다. 즉 적은 수의 글(이사야, 욥기, 아가, 다니엘, 토비트, 에제키엘의 일부, 시편의 일부, 지혜의 책들 가운데 일부, 창세기 앞부분…) 그리고 그 외의 글들에 흩어져 있는 몇몇 경구만을 말입니다. 그 밖의 다른 글들은 소화할 수 없습니다. 그리스도교의 핵심을 이루는 본질적 진실이 빠져 있기 때문입니다. 그리스인들은 그 진실을 완벽하게 알고 있었지요. 결백한 사람들이 불행해질 가능성이 바로 그 진실입니다.

히브리인들(적어도 바빌론 유수 이전의, 그리고 몇몇 예외를 제외하고)의 눈엔 죄와 불행, 미덕과 번영이 결합되어 있습니다. 그로 인해 여호와는 천상이 아닌 지상의 아버지, 숨어 있지 않은, 눈에 보이는 아버지일 수밖에 없습니다. 그러므로 그는 가짜 신입니다. 그런 식의 생각을 지니고서 순수한 자애의 행위를 할 순 없는 것이지요.

<32> 우리는 다음과 같은 공리를 제시할 수 있습니다.
즉 순수한 자애의 움직임에 반대되는 신에 대한 모든 관

넘은 가짜라는 것.

그렇지 않은 모든 건, 정도의 차이는 있겠지만, 진실이라는 것.

사랑과 신에 대한 앎은 실질적으로 결합해 있습니다. 집회서에서 "주님은 당신을 사랑하는 사람들에게 지혜를 나눠 줍니다"라고 했듯이.[145]

<33> 창세기에 나오는 창조와 원죄 이야기는 참된 것입니다. 하지만 다른 전승들에 실린 창조와 원죄 이야기도 마찬가지로 참된 것이고, 비교할 수 없이 귀중한 신실들을 똑같이 담고 있는 것입니다.[146]

그것들은 사람의 말로는 옮길 수 없는 단 하나의 진실이 여러 형태로 반영된 것들입니다. 우리는 그 반영들 가운데 하나를 통해 진실을 예감할 수 있습니다. 그러나 여러 가지 반영을 통해선 더 잘 예감할 수 있겠지요.

(특히 잘 해석된 민간 전승은 영적인 보물들을 품고 있습니다.)

145   집회서 1장 10절.
146   베유는 『전집』 VI-4권 210쪽의 노트에서 그리스 전승 속의 원죄에 대해 이렇게 적습니다. "제우스의 아들이자 첫 번째 살인자(카인을 참조할 것)인 탄탈로스의 이야기는 그리스 신화 속에서 원죄 이야기의 한 판본입니다. 니오베의 이야기는 또 다른 판본이고요."

<34> 교회가 독트린을 보존하는 임무를 철저하게 수행하지 못했다는 건 사실일 겁니다. 오히려 많이 모자랐지요. 교회가 아마도 부적절한 세부 사항들, 제한들, 금지들을 덧붙였기 때문입니다. 또 보물들을 거의 틀림없이 잃어버렸기 때문입니다.

이를 입증해 주는 건 신약의 많은 문장입니다. 무척이나 아름답지만 오늘날엔 완전히 이해할 수 없게 돼 버린 문장들이 그런 문장들입니다. 하지만 그 문장들이 언제나 이해할 수 없었던 건 아닐 겁니다.

— 우선 묵시록의 거의 전체가 그렇습니다.

— 성 요한의 다음 문장들이 그렇습니다. "〔…〕 그리스도는 물과 피를 통해 왔습니다. 단지 물속에서만이 아니라 물과 피 속에서도. 〔…〕 세 가지가 증언합니다. 영과 물과 피, 그리고 이 세 가지는 하나를 이룹니다."[147] 성 요한은 그리스도의 옆구리에서 흘러나온 물과 피를 강조하기도 합니다.[148]

— 니고데모와의 대화 또한 무척이나 수수께끼 같습니다.[149]

— 사도 바울의 다음과 같은 말도 그렇습니다. "〔…〕 여러분은 사랑에 뿌리를 내리고 근거를 두어야 합니다. 그래서 모든 성인聖人이 그러한 것처럼 길이, 넓이, 높이 그리고 깊이가 무

147   요한의 첫째 편지 5장 6~8절.
148   요한 복음 19장 34절.
149   요한 복음 3장 1~21절.

엇인지 포착할 힘을 가져야 합니다. 또 모든 앎을 넘어서는 그리스도의 사랑을 깨달아야 합니다."[150] 사도 바울보다 그리 후대의 인물도 아닌 오리게네스는 이 아름다운 문장을 아주 무미건조하게 주해합니다.[151]

— 멜기세덱에 대한 사도 바울의 이런 문장도 그렇습니다. "〔…〕 아버지도, 어머니도, 족보도 없으며 영원한 사제이고 신의 아들로 여겨졌습니다."[152]

— 몸의 부활이라는 독트린도 그렇습니다. 살아 있는 몸은 사멸해야 하는 것입니다. 반면, 영원한 것은 "영적인 몸"(pneumatikê, 씨앗 속에 담긴 프네우마라는 피타고라스 학파의 이론을 떠올려야 할까요?[153])입니다. 또 이 독트린과 정절貞節에 부여된 중요성의 관계가 그렇습니다("사람이 저지르는 모든 죄는 몸에 외적인 것입니다. 간음을 하는 사람은 자기 자신의 몸에 반反해서 죄를 짓습니다."[154] "음식은 배를 위해 있고 배는 음식을 위해 있습니다. 신은 그 둘 모두를 파괴할 것입니다. 그러나 몸은 간음을 위해 있는 게 아니고, 주님을 위해 있는 것입니다. 주님은 몸을 위해 있고요."[155]) 여기서 '배'와 아주 특

150 에페소인들에게 보낸 편지 3장 17~19절.
151 『전집』의 편집자 주에 따르면, 바울의 이 문장을 주해한 오리게네스의 글은 『창세기에 관한 교리 문답』 2권 5장에 실려 있습니다.
152 히브리인들에게 보낸 편지 7장 3절.
153 『전집』 VI-4권의 372쪽과 379쪽을 참조하시기 바랍니다.
154 고린토인들에게 보낸 첫째 편지 6장 18절.

이하게 대립하고 있는 '몸'이란 단어의 뜻은 어떤 걸까요?

제가 아는 한도 내에서 말하자면, 어떤 그리스도교 텍스트보다 힌두교 독트린들에 대한 연구가 그에 대해 훨씬 생생한 빛을 던져 줄 것입니다. 제가 아는 한, 그리스도인들은 정절(그리고 특히 처녀성)이 왜 영적 가치를 갖는지 결코 말한 적이 없습니다. 그건 중요한 공백으로, 그리스도를 많은 영혼으로부터 떨어트려 놓는 것입니다.

— 사람이 목표인 대속의 독트린(아벨라르가 아주 잘 지적했듯이 결코 이해할 수 없는 것입니다)과 겉보기에 그것과 반대되는 "신은 아들에게 많은 형제를 주기를 원했습니다"[156]라는 독트린(그렇다면 우리는 그리스도의 육화로 인해 창조되었을 것입니다) 사이의 관계도 그렇습니다.

— 사도 바울이 이따금 야릇한 방식으로 표현한 법과 죄 사이의 수수께끼 같은 관계도 그렇습니다.[157] 힌두교적 사고는 거기에도 약간의 빛을 비춰 줍니다.

— "〔…〕나무에 매달린"[158]이나 "〔…〕저주를 받았습니다"[159] 같은 표현들을 반복하는 끈질김도 그렇습니다. 거기엔 되찾을 수 없이 잃어버린 무엇이 있습니다.

— 이스라엘의 제일 순수한 정신을 대변하는 바리새인

---

155 고린토인들에게 보낸 첫째 편지 6장 13절.
156 로마인들에게 보낸 편지 8장 29절.
157 필립비인들에게 보낸 편지 3장 9절.
158 사도 행전 5장 30절, 10장 33절.
159 갈라디아인들에게 보낸 편지 3장 13절.

들에 대한 그리스도의 유별난 폭력성도 그렇습니다. 인간의 나약함으로 인해 모든 형태의 성직자들에게 공통적으로 나타나는 위선, 편협함, 부패 같은 악들도 그 폭력성을 설명해 주지 못합니다. 그런데 "당신들은 앎의 열쇠를 없애 버렸군요"[160]라는 아주 수수께끼 같은 어조의 말은 무언가 다른 게 있었음을 말해 줍니다.

피타고라스 학파는 '열쇠'를 신과 피조물 사이의 매개물이라고 했습니다. 그들은 '열쇠'를 또한 조화라고 하기도 했습니다.[161]

— 그리스도는 "하늘에 계신 당신들의 아버지는 나쁜 사람들과 좋은 사람들 위로 고루 해가 뜨게 하고 불의한 사람들과 의로운 사람들 위로 고루 비가 내리게 합니다"[162]라고 한 뒤, 다시 "하늘에 계신 당신들의 아버지가 완전한 것처럼 당신들도 완전해야 합니다"[163]라고 합니다. 이 말은, 제가 알기엔 어디서도 제시된 적 없는, 어떤 독트린 전체를 내포하고 있습니다. 이유는 이렇습니다. 그리스도가 신적 정의의 최고 특징으로 여기는 것이 사람들(예컨대 욥)이 항상 신의 불의를

160   루가 복음 11장 52절. 그 말 전체를 『전집』의 편집자 주에 실린 대로 인용하면 이렇습니다. "당신들에게 불행이 있을 겁니다. 당신들은 앎의 열쇠를 없애 버렸군요. 당신들은 들어가지 못할 것이고 또 다른 사람들마저 들어가지 못하게 할 것입니다."

161   베유는 『전집』 VI-4권 125쪽에서 "조화는 열쇠"라는 필롤라오스의 말을 인용합니다.

162   마태오 복음 5장 45절.

163   마태오 복음 6장 48절.

규탄하려고 내세우는 주장이라는 것. 즉 신은 좋은 사람이건 나쁜 사람이건 아무 차별 없이 돕는다는 게 바로 그것입니다.

그리스도의 가르침에는 차별 없음indifférance의 일정한 미덕에 대한 개념이 있었을 겁니다. 그리스 스토아주의나 힌두교적 사고 속에서 찾을 수 있는 것과 유사한 개념 말입니다.

그리스도의 말은 "모두에게 똑같은 빛을 비추는 하늘이여 [⋯]"[164]라는 프로메테우스의 지고至高의 외침을 상기시킵니다.

(더욱이 그 빛과 그 물은 아마도 마찬가지로 영적인 의미를 지닐 것입니다. 즉 이스라엘 안이건 바깥이건, 교회 안이건 바깥이건, 모든 사람은 똑같이 은총의 홍수 속에 잠겨 있다는 것입니다. 비록 그들 대부분이 은총을 거부하더라도 말입니다.)

이는 신이 자의적으로 어떤 사람에겐 많은 은총을 내리고 어떤 사람에겐 적은 은총을 내린다는 일반적 관념과 완전히 반대됩니다. 이런 일반적 관념은 신은 그래선[차별이 없어선] 안 된다는 핑계로 정당화됩니다. 하지만 신이 모든 피조물에게 풍성한 선을 가져다주는 건 신 자신의 무한한 선함에 따른 것입니다. 그러니 오히려 이렇게 생각해야 합니다. 신은 각각의 사람에게 계속 풍성한 은총을 내리는데, 다만 사람들이 그걸 많이 받아들이거나 적게 받아들이거나 할 뿐이라고. 신은, 순수하게 영적인 것이라면, 모든 요청을 들어줍니다. 적게 받는 사람은 적게 요구했을 뿐이지요.

164   아이스퀼로스,『결박된 프로메테우스』, 1091~1092행.

— 로고스를 말씀으로 번역했다는 사실 자체도 무엇인가를 잃어버렸음을 말해 줍니다. 왜냐하면 플라톤에게서 그리고 피타고라스 학파에서 λόγος〔로고스〕는 무엇보다 우선 관계를 뜻하기 때문이고, ἀριθμός〔아리스모스〕, 즉 수數와 동의어이기 때문입니다. 관계는 비율입니다. 비율은 곧 조화이고요. 조화는 매개입니다. 그러므로 저라면 이렇게 번역해 보겠습니다. 태초에 신적인 매개Médiation가 있었다라고.

(요한 복음은 시작 부분 전체가 무척 모호합니다. "그것은 진정한 빛이었고, 세계에 온 모든 사람을 비추었습니다"라는 말은 세례에 대한 가톨릭의 독트린과 절대적으로 대립합니다. 그 말에 따르면, '말씀'은 세례를 받았건 아니건 모든 사람 속에 은밀히 머물러야 하기 때문입니다. 즉 세례로 인해 말씀이 영혼 속으로 들어가는 게 아니라는 것이지요.)

다른 많은 문장도 인용할 수 있을 겁니다.

한편으로는, 일부 제자의 이해 부족이 있습니다. 심지어 성령 강림 축일이 지난 뒤까지도 말입니다(베드로와 고르넬리오의 일화[165]는 이를 입증합니다). 다른 한편, 박해로 인한 집단 학살은 전달의 불충분성을 설명해 줍니다. 아마도 2세기 초엔 이해를 했던 모든 사람 또는 거의 모든 사람이 죽임을 당했을 것입니다.

전례典禮에도 수수께끼 같은 내용의 말들이 있습니다.

---

165   사도 행전 10장 1~18절.

— Quaerens me sedisti lassus("저를 찾다가 지쳐서 주저 앉으셨습니다")[166]는 요한 복음 속 사마리아 여인 이야기 외에도 다른 어떤 것과 관련됩니다. 이 구절은 민간 전승의 수많은 이야기의 주제와도 연결되고, 그래서 그 이야기들에 생생한 빛을 비춰 줍니다.[167]

신이 사람을 찾는다는 생각은 헤아릴 수 없는 광채와 깊이를 지닙니다. 하지만 그것이 뒤집혀 사람이 신을 찾는다는 생각이 성립하면 타락이 시작됩니다.

— Beata (arbor) cujus brachiis / Pretium pependit saeculi / Statera facta corporis / Tulitque praedam Tartari(행복한 〔나무여!〕 너의 두 팔에 / 세계의 몸값이 매달렸었네 / 그 몸값은 몸의 저울이 되었네 / 그리고 타르타르족의 노획물을 탈취했네).[168]

저울이라는 상징은 경탄할 만한 깊이를 지닌 것입니다. 이집트의 사유에서 이 저울은 큰 역할을 합니다.[169] 그리스도

---

166 부속가「디에스 이레」Dies irae(진노의 날)의 한 구절입니다.

167 『신을 기다리며』에 실린「신에 대한 암묵적 사랑의 형태들」166쪽을 참조하시기 바랍니다.

168 『전집』의 편집자 주에 따르면, 찬미가「왕의 깃발들」Vexilla regis의 다섯째 절이고, 베난티우스 포르투나투스Venantius Fortunatus(530~597)가 지었습니다.

169 베유는『신을 기다리며』에 실린「신에 대한 암묵적 사랑의 형태들」116쪽에서 이렇게 말합니다. "대등한 힘 관계의 이미지인 균형을 이룬 저울은 고대를 통틀어서, 특히 이집트에서, 정의의 상징이었습니다." 번역을 약간 수정했습니다.

가 죽었을 때, 해는 숫양자리에 있었고 달은 천칭자리에 있었습니다(한 달 전에는 해가 물고기자리에 있었고 달은 처녀자리에 있었지요. 물고기의 상징적 의미를 참조하십시오).[170]

이 은유를 숙고하면, "저에게 받침점이 주어지면 세계를 들어 올리겠습니다"라고 한 아르키메데스의 말이 예언처럼 여겨집니다. 즉 그 받침점은 시간과 영원의 교차점인 십자가라는 것이지요.

— Sicut sidus radium / profert Virgo filium / pari forma / Neque sidus radio / neque mater filio / fit corrupta(천체가 빛을 낳듯이 / 똑같은 방식으로 / 성처녀가 그렇게 아들을 낳았네 / 빛이 천체를 / 아들이 어머니를 / 변질시키지는 않았네).[171] 이 노랫말은 매우 낯선 어조를 지닙니다.

그 앞의 절(Sol occasum nesciens / stella semper rutilans / semper clara〔지지 않는 태양 / 언제나 반짝이는 / 언제나 빛나는 별〕)[172]은 아메리카 원주민의 한 설화[173]와 연결시킬 때 아주 특별해집니다. 그 설화에선 태양이 모든 구혼자를 거절한 추

---

170   숫양자리에 있었다는 건 속죄양이었다는 뜻일 수도 있겠습니다. 천칭자리에 있었다는 건 정의를 뜻하고요.
171   『전집』의 편집자 주에 따르면, 부속가 「라이타분두스」Laetabundus(대단히 즐거워하는)의 여섯째 절이고 11~13세기의 모든 교회에서 불렀습니다.
172   『전집』의 편집자 주에 따르면, 「라이타분두스」의 넷째 절입니다.
173   『전집』의 편집자 주에 따르면, 오카노간Ocanogan족의 민간 전승에 속하는 「더러운 소년」Dirty Boy이라는 설화입니다.

장의 딸을 연모하게 됩니다. 그래서 눈이 거의 멀었을 뿐 아니라 아주 더럽고 가난한 병든 소년으로 탈바꿈해 땅에 내려오지요. 별 하나가 태양을 수행합니다. 소년의 할머니인 늙고 가난한 여인으로 탈바꿈해서요. 추장은 딸의 혼인을 경쟁에 붙이고 아주 어려운 관문들을 제시합니다. 그 불쌍한 소년은, 병들고 짚단 위에서 잠을 자면서도, 유일하게 모든 관문을 통과하지요. 그래서 추장의 딸은 아버지의 약속을 지키기 위해, 혐오감에도 불구하고 소년과 결혼합니다. 불쌍한 소년은 멋진 왕자로 변신하고 자신의 아내를 탈바꿈시킵니다. 머리카락과 옷을 금으로 바꾸어서.

하지만 이 설화가 그리스도교의 영향을 받았다고는 할 수 없겠지요…

— 성주간 전례에서 불리는 ipse lignum tunc notavit, damna ligni ut solveret / 〔…〕 arbor una nobilis: nulla silva talem profert, fronde, flore, germine(신은 그때부터 나무를 준비했네 / 나무의 효과를 없애기 위해 / 〔…〕 고귀함으로 인해 유일한 나무: 숲은 만들어 낼 수 없네, 똑같은 가지들을, 꽃들을, 열매들을)[174]라는 노랫말 또한 낯선 어조를 지닙니다. 이 노랫말은 빛으로 가득 찼습니다. 하지만 오늘날엔 잊힌 어떤 상징 체계 전체와 틀림없이 관련이 있을 겁니다. 게다가 성주간의 모든 전례가, 이렇게 말해 보자면, 고대의 환각적인 향기를 지닙니다.

---

[174]　찬미가 「믿음직한 십자나무」Crux fidelis의 구절입니다.

— 성배 전설은 오늘날에는 파악하기 힘든 어떤 결합을 말해 줍니다. 그 전설을 담은 시들은 12세기의 것들이지만, 관건이 되는 결합은 그리스도가 죽은 지 얼마 안 된 시기에 이루어진 것입니다. 드루이드교와 그리스도교의 결합이 그것입니다. 교회는 성배에 대한 시들을 정죄한 적이 없습니다. 그리스도교와 비그리스도교적 전통의 혼합이 명백한데도 말입니다.

그리스도의 수난 직후 헤롯은 리옹으로 유배됩니다. 그리스도인들(어쩌면 아리마태아의 요셉[175]도?)이 포함된 많은 수행원과 함께 말입니다. 몇 년 뒤 드루이드들은 클라우디우스〔로마의 4대 황제, 41~54년 재위〕에 의해 몰살당합니다.

— 아마도 6세기의 그리스도교 이집트인이었을 논노스가 쓴 시 『디오뉘소스 이야기』는 그리스 신들과 점성술을 다루고 있을 뿐이지만 요한 묵시록과 아주 특이한 유사점들을 지닙니다. 그렇다면 틀림없이 앞과 같은 성격의 결합을 통해 영감을 받은 것일 겁니다.

(덧붙이자면, 호메로스가 먼저 언급했던 리쿠르구스 왕의 문제가 있습니다. 리쿠르구스는 무장하지 않은 디오뉘소스를 배반한 뒤 공격해서 홍해의 끝까지 도망치게 합니다. 리쿠르구스는 가르멜산 남쪽에 사는 아랍인들의 왕이었다고 하는데, 그

---

175   마르코 복음 15장 42~46절을 참조하시기 바랍니다.
아리마태아의 요셉은 빌라도로부터 예수의 시체를 인계받은 것 외에도, 막달라 마리아와 함께 남프랑스의 생트-마리-드-라-메르에 도착한 것으로 알려진 사람입니다.

곳은 지리학적으로 이스라엘일 수밖에 없습니다.[176] 우리가 다음의 것을 사실로 받아들인다고 해 봅시다. 즉 고대인들은, 매개하고 고통받고 대속하는 존재로 이집트에 계시된 신의 개념을 거부한 이스라엘을 저주받은 민족으로 여겼다는 것. 그러면 우리는 그동안 설명할 수 없었던 다음 사실을 이해할 수 있게 됩니다. 즉 종교들이 지닌 모든 기이한 것에 열중했던 헤로도토스가 이스라엘에 대해 한마디도 하지 않았다는 사실. 이스라엘이 그리스도가 태어나 성장한 곳이기도 하지만 그리스도를 살해한 곳이기도 함에 주목해야 합니다. 또 많은 증언 속에서 디오뉘소스가 오시리스와 똑같은 신임을 주목해야 합니다.[177] 만일 모세 이야기에 대한 이집트 판본이 있다면, 우리는 어쩌면 놀라운 것들을 알게 될 것입니다.)

— 만일 앞서 언급한 「오딘의 룬 문자」가 그리스도교와 어떤 접촉도 하기 이전의 것이 아니라면, 유사한 혼합의 자취를 지닌 것일 겁니다. 그렇다면 그건 아주 특별한 것이 되겠지요.

176   『전집』의 편집자 주에 따르면, 『디오뉘소스 이야기』의 노래 XX, 146~153행과 325~353행에 입각한 말입니다. 베유의 가정은 리쿠르구스가 왕으로 있던 니사Nysa라는 도시가 아라비아에 있었다는 논노스의 가설에 따른 것입니다.

177   『전집』의 편집자 주에 따르면, 베유는 『전집』 VI-3권 171쪽에 실린 노트에서 플루타르코스의 『이시스와 오시리스』를 주해하면서 이렇게 씁니다. "또한 플루타르코스는 말합니다. 몇몇 사람에 따르면 오시리스는 헤로도토스의 에로스와 같은 존재라고. 헤로도토스의 에로스는 오르페우스의 에로스입니다. 그는 이어서 말합니다. 오르페우스의 전승 속에서 에로스는 디오뉘소스와 같은 존재라고."

"가서 민족들을 가르치세요"라고 한 그리스도의 말을 제가 믿는 올바른 방식으로 이해한 제자들이 어쩌면 애초에는 있었을까요?

<35> 그리스도교에 대한 이해는 우리에게 거의 불가능한 게 되었습니다. 최초의 시기들의 이야기를 둘러싼 심층적인 수수께끼로 인해서 말입니다.

우선 그 수수께끼는 그리스도교가 한편으로는 이스라엘과, 다른 한편으로는 '이교도들'의 종교적 전통들과 가진 관계에 관련된 것입니다.

애초에 서로 간의 뒤섞임syncrétisme이 없었다는 건 극히 불가능한 일입니다. 그런 뒤섞임은 니콜라우스 쿠자누스[178]가 꿈꾸던 것과 유사했을 겁니다. 그런데 교회가 그 시도들을 정죄한 어떤 흔적도 남아 있지 않습니다. (게다가 니콜라우스 쿠자누스도 정죄되지 않았습니다.) 하지만 마치 그것들이 정죄되었던 것처럼 사태가 전개되지요.

알렉산드리아의 클레멘스가 행한 어리석은 일들—그는 어떤 밀접한 연관들이 고전 그리스 철학과 비의秘儀, Mystères의 종교를 결합시켰는지도 몰랐습니다—의 다른 편에는, 복음을 그런 비의의 종교의 완성으로 보았던 사람들이 틀림없이 있었을 겁니다. 그들의 저술들은 어떻게 되었을까요?

---

178 1401~1464. 독일의 가톨릭 추기경이었고 철학자, 신학자, 수학자였습니다.

포르퓌리우스[179]는 말했습니다. 오리게네스가 피타고라스주의자들과 스토아주의자들의 비밀 서적들을 참조해서 이스라엘 성서를 상징적으로 해석했다고. 그런데 오리게네스는 비판을 한다고 주장하면서 그리스 철학에 대해 말합니다. 이유가 뭘까요? 전면에 내세운 위장일까요? 아니면 다른 이유가 있었을까요? 그리스 철학에 빚진 걸 감추고 싶었을까요? 그렇다면 왜 그랬을까요?

포르퓌리우스의 그 말은 명백히 드러내 줍니다. 비의들이 전적으로 알레고리로만 이루어졌음을.

에우세비오[180]는 포르퓌리우스의 그 말을 인용합니다.[181] 그리고 오리게네스에 대해 "그리스화됐다"고 말했다는 이유로 포르퓌리우스를 거짓말쟁이 취급합니다. 하지만 포르퓌리우스의 다른 말들은 부정하지 않습니다.

에우세비오는 또 멜리토 주교[182]가 마르쿠스 아우렐리우스에게 보낸 매우 우정 어린 어조의, 그러나 너무도 이상한 편지의 다음 부분을 인용합니다(『교회사』 4권 26장). "우리의 철학은 애초에 야만인들 사이에서 발전했지만 꽃핀 것은 아

179　232/233~305. 신플라톤주의 철학자입니다. 플로티노스의 전기를 비롯해『그리스도인들에 반대하여』등의 저서를 썼습니다.

180　260?~339? 그리스도교 저술가로『교회사』를 비롯한 많은 책을 썼습니다.

181　『전집』의 편집자 주에 따르면,『교회사』6권에서입니다.

182　?~194 이전. 사르디스의 멜리토. 마르쿠스 아우렐리우스 재위 시절에 주교를 지냈고 그에게『호교론』을 보냅니다.

우구스투스〔로마의 초대 황제, 기원전 27~기원후 14년 재위〕의 위대한 통치 아래 당신의 민족들τοῖς σοῖς ἔθνεσιν 사이에서였습니다.”

'야만인들'은 히브리인들일 수밖에 없습니다. 그렇다면 이 문장의 다른 부분들은 무얼 뜻할까요?

아우구스투스는 14년에 죽었습니다. 그때 그리스도는 청소년이었고, 그리스도교는 존재하지 않았습니다.

"우리의 철학"은 우리의 로고스, 그리스도를 뜻하는 걸까요? 그 철학이 꽃(즉 청년)으로 피어난 건 그리스나 이탈리아의 '이교도들' 사이에서였을까요?

에우세비오가 인용한 주교의 편지는 다음처럼 이어집니다. "제국이 선善을 위해 아름답게 출발한 것과 동시에 우리의 로고스가 성장했다는 가장 훌륭한 증거는 이것입니다. 즉 그가 아우구스투스의 제국으로부터 어떤 모멸도 당하지 않았을 뿐만 아니라, 오히려 모두의 바람대로 모든 빛과 영광을 누렸다는 것."

사람들은 줄곧 "나사렛에서의 감춰진 삶"에 대해 말합니다. 하지만 사람들은 다음의 것을 잊고 있습니다. 즉 그 삶이 진짜로 감춰진 것이었다면, 그 삶이 나사렛에서 펼쳐졌는지에 대해서도 우리는 결코 알 수 없다는 것이 그것입니다.

복음서에 따르면, 세례 요한에게서 세례를 받기 이전의 그리스도의 삶에 대해 우리가 알 수 있는 건 다음의 것이 전부입니다.

그는 베들레헴에서 태어났습니다.[183] 아주 어린 시절 가족과 함께 이집트로 이주했습니다. 그가 얼마 동안 이집트에 머물렀는지는 알 수 없습니다. (요셉은 헤롯이 죽은 다음에 돌아왔는데, 그것이 헤롯이 죽은 직후인지는 전혀 알 수 없습니다.[184] 어쩌면 몇 년 후일 수도 있습니다.) 열두 살 때 예루살렘에서 유월절 축제를 보냈습니다.[185] 그 무렵 부모가 나사렛에 정착했습니다.[186] (루가가 이집트로의 피난을 말하지 않는 건 특이합니다.) 서른 살 때 세례 요한에게 세례를 받습니다.[187] 엄밀히 말해 이게 전부입니다.

이 또한 아주 특이한 수수께끼입니다.

셋째 수수께끼는 그리스도교와 로마 제국의 관계입니다. 티베리우스〔2대 황제, 14~37년 재위〕는 그리스도를 판테온에 안치하길 바랐고 처음엔 그리스도인들을 박해하길 거부했습니다. 그러다 나중에 태도를 바꿨지요. 갈바〔6대 황제, 68~69년 재위〕의 양자인 피소의 가족은 아마도 그리스도인들이었을 겁니다(에르만 씨[188]의 작업들을 참조하십시오). 트라야누스〔13대 황제, 98~117년 재위〕 그리고 특히 마르쿠스 아우렐리우스가 그토록 집요하게 그리스도인들을 박해한 건 어떻

---

183   마태오 복음 2장 1~12절, 루가 복음 2장 1~21절.

184   마태오 복음 2장 13~15절.

185   루가 복음 2장 41~50절.

186   마태오 복음 2장 23절, 루가 복음 2장 51~52절.

187   마태오 복음 3장 13~17절, 루가 복음 3장 21~22절, 요한 복음 1장 29~34절.

188   레옹 에르만과 관련해선 「그리스도교와 비히브리 종교들의 원초적 관계에 대한 노트」를 참조하시기 바랍니다.

게 설명할까요? 하지만 단테는 트라야누스를 천국에 보냅니다…[189] 반대로 극악무도했던 콤모두스〔17대 황제, 180~192년〕나 다른 황제들은 그리스도인들에게 오히려 호의적이었습니다. 그리고 제국은 어떻게 그리스도교를 공식 종교로 삼게 되었을까요? 어떤 조건에서요? 그리스도교가 그 대가로 치러야 했던 퇴행은 어떤 것이었을까요? 그리스도의 교회와 큰 짐승la Bête의 결탁은 어떻게 완수됐을까요? 묵시록의 큰 짐승이 제국이었던 게 거의 확실하다면 말입니다.[190]

로마 제국의 체제는 전체주의적이고 거칠게 유물론적이었으며 나치즘처럼 국가에 대한 전적인 숭배에 근거하고 있었습니다. 그 체제에 예속된 불행한 사람들은 영적인 갈구를 숨기고 있었지요. 황제들은 가짜 신비주의로 그런 갈구를 충족시켜야 한다는 걸 처음부터 이해했습니다. 진짜 신비주의가 등장해 모든 걸 뒤엎을까 봐 두려웠기 때문입니다.

엘레우시스의 비의들을 로마로 가져오려는 시도들이 있었습니다. 하지만 그 비의들은, 확실한 증표들이 입증해 주듯, 진정한 내용을 거의 모두 상실하고 있었지요. 로마의 정복 이래, 또 그 이전에도, 그리스 그리고 특히 아테네에서 벌어진 잔혹한 학살들이 그 전수傳受를 중단시켰을 것입니다. 물론 일급의 전수자들을 통해 그 비의를 다시 만들어 낼 수도 있었

189   단테 알리기에리,『신곡: 천국편』, 20곡 43~45행과 106~117행에 나오는 이야기입니다.

190   베유는 1942년에 이 편지를 썼고, 이런 의문들은 이후의 연구를 통해 많이 해명되었을 수 있습니다.

겠지만 말입니다. 어쩌면 이런 것들이 아마도 그 비의의 입문자였을 알렉산드리아의 클레멘스가 그 시도들에 대해 경멸조로 말한 이유였을 겁니다. 어쨌거나 옮겨 오려는 시도는 실패합니다.

반면, 드루이드들과 디오뉘소스 비밀 숭배의 신봉자들은 몰살당했습니다. 피타고라스주의자들과 모든 철학자는 가차 없이 내쫓겼고요. 이집트의 의식들은 금지됐고, 그리스도인들이 어떤 취급을 당했는지는 우리가 잘 알고 있습니다.

이 시기 로마에서 동방의 의식들이 크게 유행했던 건 오늘날 신지학파와 같은 종파들의 유행을 그대로 연상시킵니다. 우리가 알 수 있는 한에선, 이 두 가지는 진정성을 갖기보단 세속적인 사람들의 구미에 맞는 것이었습니다.

로마 제국의 잔혹한 역사에서 네르바-안토니누스 왕조〔96~198년〕는 오아시스와도 같은 시기였습니다. 왜 그들〔그 왕조의 황제들〕은 그리스도인들을 박해했을까요?

이런 생각을 해 볼 수도 있습니다. 지하 생활을 틈타 그리스도인들 사이에 실제로 범죄적인 요소들이 침투했으리라는 생각 말입니다.

무엇보다 그리스도인들을 사로잡았던 묵시록적 관념을 고려해야 합니다. 신의 왕국의 임박한 도래에 대한 기대가 그리스도인들을 고양시켜 아주 극단적인 영웅적 행위들로 이끌었을 수도 있습니다. 오늘날 혁명의 임박에 대한 기대가 공산주의자들을 그렇게 이끌듯 말입니다. 그 두 가지 심리 사이엔 많은 닮은 점이 있을 수 있습니다.

어쨌거나 이 두 경우에 그런 기대는 매우 큰 사회적 위협을 이룰 수 있습니다.

고대사학자들은 전제 군주가 어떤 이유에서건 일정한 노예 해방 조처를 취한 뒤 주인들이 남은 노예들마저 뜻대로 복종시킬 수 없었던 도시들의 이야기를 많이 알고 있습니다.

노예제란 아주 폭력적이어서, 희망의 완전한 부재로 인해 망가져 버린 영혼들만이 견뎌 낼 수 있는 것이었지요. 그래서 아주 작은 희망의 빛이라도 생기면, 불복종이 풍토병처럼 퍼져 나가게 되어 있습니다.

복음이 가져다준 희망은 어떤 효과를 가졌을까요? 복음은 속량에 관한 것에 그치지 않고, 더 나아가 여기 이곳에 영광스러운 그리스도가 곧 도래할 것이 거의 확실하다는 것이었습니다.

사도 바울은 주인에게 따뜻하고 정의롭기를 요청한 것[191] 보다 거의 열 배 더 많은 비율로 노예들에게 일하고 복종하길 요청합니다.[192] 우리는 이를 그리스도교를 받아들였음에도 그에게 남아 있던 사회적 편견에 따른 것으로 설명할 수밖에 없습니다. 하지만 구원의 날을 소망하는 그리스도교 노예들을 복종시키는 것보단 그리스도교 주인들을 부드럽게 만드

---

191 골로사이인들에게 보낸 편지 4장 1절, 에페소인들에게 보낸 편지 6장 9절, 필레몬에게 보낸 편지 8~21절.

192 골로사이인들에게 보낸 편지 3장 22~25절, 에페소인들에게 보낸 편지 6장 5~8절, 디모테오에게 보낸 첫째 편지 6장 1~2절, 디도에게 보낸 편지 2장 9~10절.

는 게 훨씬 쉬웠을 것이 거의 틀림없습니다.

마르쿠스 아우렐리우스는 아마도 노예제에 반대했을 겁니다. 그리스 철학이 아리스토텔레스를 제외하곤 노예제를 변호했다는 건 거짓이기 때문입니다. 아리스토텔레스는 증언합니다. 어떤 철학자들이 "자연과 이성에 절대적으로 반하는 것"으로 노예제를 규탄했다고.[193] 플라톤은 『정치가』에서 노예제는 오직 범죄와 연관됐을 때만 정당하다고 여깁니다.[194] 오늘날의 감옥이나 강제 노역에서처럼 말입니다.

하지만 마르쿠스 아우렐리우스의 일은 무엇보다도 질서를 유지하는 것이었지요. 그는 스스로에게 씁쓸하게 이를 거듭 되풀이해서 말합니다.

가톨릭교도들은 이단 학살을 떳떳이 정당화합니다. 이단이 내포한 사회적 위험성 때문에 어쩔 수 없었다고. 그러면서 그들은 떠올리지 않지요. 기원후 최초의 세기들에서 그리스도인들에 대한 박해도 똑같은 이유들로 정당화될 수 있었다는 걸 말입니다. 게다가 그리스도인들에 대한 박해엔 틀림없이 더 정당한 이유가 있었는데, 그리스도-왕의 임박한 도래에 대한 확고한 기대가 그 어떤 이단보다도 전복적이었기 때문입니다.

제국의 노예들에게서 퍼져 나간 불복종의 물결이 끔찍한 무질서 속에서 체제의 골조 전체를 붕괴시켰으리라는 건 확

---

193   아리스토텔레스, 『정치학』, 1권 3장 1253b와 6장 1255a.

194   플라톤, 『정치가』, 309a.

실합니다.

콘스탄티누스〔44대 황제, 306~337년 재위〕시절엔 묵시록적 기대가 상당히 무뎌졌을 것임이 틀림없습니다. 또 그리스도인들의 집단 학살이 제일 심오한 독트린의 전승에 장애를 이루면서, 어쩌면, 십중팔구는, 그리스도교에서 영적 내용의 가장 중요한 부분이 사라졌을 겁니다.

콘스탄티누스는 클라우디우스가 엘레우시스 비의와 관련해 실패했던 작업을 그리스도교와 관련해 성공시킵니다.

하지만 자신의 공식적 종교가 자신이 정복하고 파괴하고 퇴락시킨 이집트, 그리스, 갈리아[195] 같은 나라의 오랜 전통을 계승하고 완성한 것으로 드러나는 것은 제국의 이익도, 권위에 부합하는 것도 아니었습니다. 그런데 이스라엘에 관해선 그런 문제가 없었습니다. 우선 새 율법이 옛 율법과 아주 달랐기 때문입니다. 그리고 무엇보다 예루살렘이 더 이상 존재하지 않았기 때문입니다. 게다가 옛 율법의 정신은 모든 신비주의와 동떨어진 것이어서, 로마의 정신과 그다지 다르지 않았기 때문입니다. 즉 로마는 만군萬軍의 신〔여호와〕에 쉽게 적응할 수 있었습니다.

유대 민족주의 정신은 많은 그리스도인을 처음부터 가로막았습니다. 이민족들의 건강한 영성이 그리스도교에 밀접한 것임을 인정하지 못하도록 말입니다. 그런데 로마는 그리

195 고대 로마인들이 지금의 프랑스, 벨기에, 북이탈리아, 스위스와 독일의 서쪽 지대 등을 전체적으로 일컫던 말입니다.

스도교 안에서 유대 민족주의 정신을 마음에 들어 했지요. 그 정신은, 야릇하게도, 개종한 '이교도들'에게까지 전파됐습니다.

로마는 다른 모든 식민 지배 국가처럼 정복된 나라들을 도덕적 그리고 영적으로 뿌리 뽑았습니다. 식민 정복은 언제나 그런 것이지요. 즉 정복된 나라들에 뿌리를 되돌려주는 일 같은 건 없습니다. 오히려 더 많이 뿌리를 뽑아야 할 뿐이지요. 다음 사실이 이를 입증합니다. 즉 교회가 이교도적 예언을 언급한 건 단 한 차례뿐인데, 로마의 전승에 포함된 시빌레〔그리스 신화의 무녀〕의 예언이 그것이었다는 것. (그 밖에도 로마엔 실제로 메시아적 기대가 있었는데, 〔베르길리우스의〕넷째 목가가 명백히 드러내듯, 유다 지역의 기대와 유사하고 똑같이 육체적인 것이었습니다.) 이스라엘과 로마의 합쳐진 영향에 종속된 그리스도교는 뿌리 뽑기의 영역에서 눈부신 성취를 이룹니다. 오늘날에도 여전히 선교사들이 활동하는 도처에서 똑같은 방식의 뿌리 뽑기가 행해지듯이 말입니다.

물론 이 모든 건 가정입니다.

하지만 거의 확실한 게 있습니다. 즉 우리에게 무언가를 감추려 했고 그것이 성공했다는 것입니다. 수많은 문헌이 사라진 것, 역사의 핵심적인 부분에 어둠이 드리워져 있는 것은 우연이 아닙니다.

아마도 틀림없이 자료들의 체계적인 파괴가 있었을 것입니다.

플라톤은 운 좋게 그걸 피해 나왔지요. 하지만 프로메테우스 이야기의 진짜 뜻, 즉 프로메테우스를 제우스와 결합시킨 사랑을 엿보게 해 줬을 아이스퀼로스의『해방된 프로메테우스』는 사라졌습니다.『결박된 프로메테우스』에서도 그 뜻은 드러나지만, 아주 가까스로일 뿐입니다. 그리고 얼마나 많은 다른 보석이 사라졌는지요!

역사가들이 우리에게 전해 주는 건 커다란 구멍들이 난 것들입니다. 영지주의자들의 저술은 하나도 남아 있지 않고, 최초의 세기들의 그리스도교 저술도 거의 남아 있지 않습니다.[196] 만일 이런 저술들에 이스라엘의 특권적 지위를 인정하지 않는 대목이 있다면 그것들은 모두 폐기되었겠지요.

하지만 교회는 계시된 성서, 성사들, 신에 대한 초자연적 인식을 지닌 건 오직 유대-그리스도교적 전통뿐이라고 선언한 적이 결코 없습니다. 또 그리스도교와 이스라엘이 아닌 다른 나라들의 신비주의적 전승이 아무 친화성이 없다고 선언한 적도 결코 없습니다. 이유는 무엇일까요? 성령이 교회를 거짓말로부터 지켜 준 것일까요?

이 문제들은 오늘날 핵심적이고 긴급하고 실용적인 중요성을 갖는 것입니다. 우리의 나라들에서 세속적인 삶 전체가 이교도 문명들에서 직접 비롯되었기 때문입니다. 그러므로 이른바 이교와 그리스도교가 어떤 관계도 없다는 환상이 지속되는 한, 그리스도교는 체화되지 못할 것이고, 그리하여 의당 그

---

196   나그함마디 문서가 발견된 건 베유가 죽은 뒤인 1945년입니다.

랬어야 했음에도 세속적 삶 전체 속으로 스며들지 못할 겁니다. 즉 그리스도교는 분리된 채 머무를 것이고 무력하게 존재할 것입니다.

만일 그리스 기하학과 그리스도교 신앙이 같은 뿌리를 갖는 것임을 우리가 알게 된다면, 우리의 삶은 얼마나 달라질까요!

3

이 전쟁은 종교 전쟁입니다[1]

이 전쟁은 종교 전쟁입니다.

사람들은 종종 종교의 문제를 제거할 수 있기를 꿈꿔 왔지요. 그건 "종교가 얼마나 많은 범죄를 부추겼던가"라고 말했던 루크레티우스의 꿈이기도 했습니다. 백과전서파 사람들은 그 꿈을 이뤘다고 믿었습니다. 실제로 그들은 모든 대륙의 모든 나라에 영향력을 행사했지요.

하지만 오늘날엔 어쩌면 유례없는 종교적 참극의 여파로 내밀한 일상 생활에서 고통받지 않는 사람이 세계에 단 한 명도 없을지 모릅니다. 그 참극은 우리 별 전체를 무대로 삼고 있습니다.

사람이 종교적 문제에서 빠져나오지 못하는 건, 선악 대립이 그들에게 견디기 힘든 짐이기 때문입니다. 도덕은 사람을 숨 쉬기 어렵게 하는 어떤 것입니다.

알비파(카타르파)의 전승엔 이런 얘기가 있습니다. 즉 악마가 다음처럼 말하면서 피조물들을 유혹했다는 것이지요.

---

1 "Cette guerre est une guerre de religions", *Œuvres complètes*, V-1, Gallimard, 2019, pp.250~258. 1943년에 런던에서 쓴 원고입니다.

"신과 함께라면 당신들은 자유롭지 못해요. 선만을 행해야 하기 때문이지요. 저를 따르세요. 그러면 당신들은 마음대로 선과 악을 행할 힘을 가질 수 있어요." 경험은 이 전승의 편입니다. 순수함은 항상 타락하기 때문입니다. 쾌락의 매혹 때문이 아니라 인식과 경험의 매혹으로 인해서 말입니다.

사람은 악마를 따릅니다. 그래서 악마가 약속했던 걸 받습니다. 하지만 선악의 대립 쌍을 소유하고선, 불타는 숯을 손에 든 아이처럼 제멋대로 움직입니다. 그들은 불타는 숯을 내던지고 싶어 할 수 있습니다. 하지만 그게 쉽지 않음을 깨닫지요.

불타는 숯을 내던지기 위한 세 가지 방법이 있습니다.

첫째 방법은 비종교적입니다. 선악 대립의 현실을 부정하는 게 그것입니다. 우리의 세기는 그걸 시도했지요. "충족되지 못한 욕망을 가슴속에 지니는 것보단 요람 속 아이를 질식시키는 게 더 낫다"는 블레이크의 얘기[2]가 동시대인들에게 큰 반향을 가졌듯이 말입니다.

하지만 우리가 무엇인가를 위해 노력하는 건 욕망이 아니라 목표 때문입니다. 무엇인가를 향한 노력은 사람의 본질 자체이지요. 마음의 생각들과 몸의 움직임들은 그런 노력의 형태들이고요. 목표를 향한 지향성이 사라지면 사람은 미쳐 버

2　『전집』의 편집자 주에 따르면, 윌리엄 브레이크의『천국과 지옥의 결혼』*The Marriage of Heaven and Hell*에 나오는 말입니다. 「개인성과 성스러움」(『신의 사랑에 관한 무질서한 생각들』) 64쪽에도 실려 있습니다.

립니다. 문자 그대로의 의미 그리고 의학적인 의미에서 말입니다. 즉 모든 게 별 차이가 없다는 원칙에 입각한 이 방법은 사람을 미치게 만듭니다. 이 방법은 강제력을 행사하지 않고서도 사람을 권태 속으로 몰아넣습니다. 이 권태는 아무것도 할 일이 없는 게 제일 큰 고통인, 감옥의 독방에 갇힌 불행한 사람들의 권태를 닮았습니다.

유럽은 1차 대전 이후 그런 권태 속에 빠져들었습니다. 그런 까닭에 집단 수용소들에 반대하는 노력을 거의 아무것도 하지 않았지요.

풍족함 속에서 넘쳐 나는 자원을 갖춘 사람들은 권태에 눈을 감으려 놀이를 합니다. 진지하게 임하는 아이들의 놀이가 아니라 갇혀 있는 성인들의 놀이 말입니다.

그러나 불행 속에선 힘들도 욕구를 채워 주지 못합니다. 그래서 자신의 힘들을 어떻게 사용할지에 대한 질문도 더 이상 제기되지 않습니다. 이제 사람이 견지할 수 있는 건 희망밖에 없습니다. 불행한 사람들의 희망은 놀이의 도구가 아니지요. 그리하여 공허는 견딜 수 없는 게 됩니다. 사람들은 모든 게 별 차이가 없다고 주장하는 시스템을 진저리 치며 내다 버립니다.

바로 이런 일이 유럽에서 벌어졌었습니다. 나라들은 번갈아 가면서 그 끔찍한 행태들을 드러냈었습니다.

둘째 방법은 우상 숭배입니다. 이 방법은 종교적입니다. 종교라는 단어를 프랑스 사회학자들[3]이 사용하듯이, 다양한 신의 이름 아래 사회적 현실을 찬양하는 방식으로 사용한다

면 말입니다. 플라톤은 그런 방식을 큰 짐승에 대한 숭배에 비유했었지요.[4]

이 방법은 선악의 대립 쌍이 들어갈 자리가 없는 어떤 사회적 구역을 설정하는 것입니다. 그 구역의 일원을 이룰 때, 우리는 더 이상 그 대립 쌍에 종속되지 않습니다.

이 방법은 빈번하게 사용됩니다. 과학자나 예술가는 과학과 예술을 미덕과 악덕이 침투하지 못하는 닫힌 공간으로 만들면서, 종종 스스로를 모든 제약을 벗어난 존재로 여깁니다. 군인이나 성직자도 이따금 그러한데, 도시를 약탈하는 것이나 종교 재판도 그런 식으로 설명되지요. 일반적으로 이런 방식의 구역 설정은 지난 여러 세기 동안 괴물 같아 보이지 않는 사람들이 수많은 괴물적인 일을 저지르게 했습니다.

결국 이 방법은 부분적일 때 많은 결함이 있습니다. 이를테면 아버지, 남편, 시민으로서의 과학자는 선악의 대립 쌍을 벗어날 수 없는 것입니다. 그러므로 완전한 벗어남을 위해선 그 사람 전체가 선악 대립이 제거된 영역에 참여해야 합니다.

국가도 그런 구역 역할을 할 수 있습니다. 고대 로마와 이스라엘이 그랬지요. 어떤 로마인이 스스로의 눈에 로마인 자격이 아닌 다른 어떤 자격으로도 더 이상 존재하지 않을 때, 그는 선악을 벗어난 것입니다. 이제 그는, 완전히 짐승 같은

3　『전집』의 편집자 주에 따르면, 베유가 주로 염두에 두고 있는 사람은 에밀 뒤르켐입니다.

4　플라톤, 『국가』, 493a~c.

팽창의 법칙에 의해서만 지배됩니다. 그가 생각할 건 단 하나입니다. 절대적 지배자로 다른 민족들을 지배하는 것. 복종하는 민족들은 정도껏 너그럽게 봐주고, 자존심으로 맞서는 민족들은 박살 내면서 말입니다. 어떤 수단을 쓰는지는 상관이 없습니다. 효율적이기만 하다면.

교회도 마찬가지로 그런 역할을 할 수 있습니다. 중세 종교 재판의 등장은 그리스도교 안에 전체주의의 흐름이 스며들었음을 말해 주지요. 다행히도 그 흐름이 그리스도교를 완전히 집어삼키진 않았습니다. 중세가 막 이룩하려던 그리스도교 문명을 조산早産시키긴 했지만 말입니다.[5]

오늘날 민족 국가들도 그런 역할을 합니다. 직접적이진 않더라도, 국가 권력을 장악한 정당un parti d'État과 그것을 둘러싼 조직들을 매개로 말입니다. 유일 정당의 나라에선 정당의 당원은 당원 자격을 제외한 다른 모든 자격을 내버리기 때문에, 모든 죄에서 해방됩니다. 물론 그는 접시를 깨는 하인처럼 미숙할 수도 있습니다. 하지만 무얼 하든 그는 어떤 악도 범하지 않는데, 어떤 악도 행할 수 없는 집단, 정당, 국가의 전적인 구성원일 뿐이기 때문입니다.

그가 그런 보호, 그런 갑옷을 상실하는 건 오직 다음 같은 때뿐입니다. 즉 갑자기 그가 다시 살과 피의 존재 또는 영혼을 가진 존재가 될 때, 한마디로 그 집단의 세포가 아닌 다른 것

---

5 『전집』의 편집자 주에 따르면, 이 문명은 카타리즘을 중심으로 한 로마네스크 문명입니다.

이 될 때. 하지만 선악을 벗어나는 건 너무나 귀중한 특혜입니다. 그래서 많은 남성과 여성은 그 특혜를 항상 누리길 바라서, 사랑, 우정, 신체적 고통과 죽음 앞에서도 꿈쩍하지 않습니다.

그들은 특혜의 값을 치릅니다. 그러니 그들이 그 대가로 약한 자들을 고문하는 쾌락을 즐긴다고 해서, 놀랄 것도 없습니다. 그들은 특혜의 값을 그처럼 심하게 치르게 해 준 그 절대적 인가認可가 실재임을 스스로에게 입증하는 실험을 해야만 하는 것입니다.

선악에 대한 무관심이 그랬던 것처럼, 우상 숭배의 방법도 일종의 광기에 이릅니다. 하지만 이 두 광기는 서로 다릅니다. 독일은 유럽의 다른 나라들보다 훨씬 심하게 첫째 광기를 앓았습니다. 결과는 꼭 그만큼 폭력적이었지요. 하지만 절망으로 인해 다시 둘째 광기에 빠져들면서도, 독일은 첫째 광기의 많은 부분을 유지했습니다. 그 두 광기의 조합이 만들어 낸 것이 몇 년 전부터 세계를 공포와 경악으로 몰아넣었지요.

하지만 우리는 꼭 알아야 합니다. 독일은 20세기 사람들인 우리 모두의 거울임을. 우리가 독일에서 그토록 참담하게 여기는 것들은 우리 자신의 속성들이 확대된 것일 뿐임을. 하지만 그렇다고 이런 성찰이 거꾸로 전투의 동력을 앗아 가선 안 되겠지요.

우상 숭배는 타락을 시킵니다. 하지만 다행스럽게도 우상 숭배는 일시적입니다. 소멸하는 것이니까요. 로마는 결국 침략을 당했고 굴종의 나락으로 떨어졌습니다. 민간 전승은 영혼을 알 속에 숨겼기 때문에 누구도 해칠 수 없었던 거인들의 이야기를 많이 담고 있습니다. 그 알은 물고기 안에 있었고, 물고기는 아주 멀리 떨어진 연못에 살고 있었고, 그 연못은 용의 보호 아래 있었습니다.[6] 하지만 어느 날 젊은 청년이 비밀을 알아챘고, 알을 훔친 뒤 거인을 죽입니다. 거인은 이 세계 안, 땅 위의 어떤 곳에 자신의 영혼을 숨기는 경솔한 실수를 한 것이지요. 젊은 나치 친위대원도 똑같은 경솔함을 범하고 있습니다. 안전을 위해선, 영혼을 다른 데 숨겨야 합니다.

그 일을 하는 기술이 바로 셋째 방법입니다. 신비신학la mystique[7]의 방법이 그것이지요. 신비신학은 선악 대립의 영역 너머에 이르는 통로입니다. 그 통로는 영혼과 절대적 선의 합일로 생겨나는 것이지요. 절대적 선은, 악에 대립하면서도 상관적인 선과는 다른 것입니다. 그런 선이 절대적 선을 모델이나 원칙으로 삼더라도 말입니다.

합일은 실제로 벌어지는 것입니다. 젊은 처녀가 남편이나 연인이 생긴 뒤 더 이상 처녀가 아니듯, 영혼은 그런 합일을 거친 뒤 영원히 다른 것이 됩니다.

이때 벌어지는 것은 피조물이 악마를 따를 때와 정반대의 변모입니다. 물론 그건 에너지를 빼앗기는 법칙과는 반대되

---

6   『전집』의 편집자 주에 따르면, 프레이저의 『황금 가지』에 나오는 얘기입니다.

7   베유는 이 용어로 초대 교부들부터 십자가의 요한까지 이르는 그리스도교 신비신학뿐만 아니라 자아를 소멸시키고 영적 실재에 이르려는 모든 전통을 일컫습니다.

는 것으로, 열이 운동으로 전환하는 것보다 훨씬 어렵고 심지어 불가능한 작용입니다. 하지만 신에겐 불가능한 게 가능합니다. 신은 가능한 것은 물질의 메커니즘들과 피조물의 자율성에 내다 맡겼습니다.

그런 전환의 과정과 결과는 고대의 이집트인, 그리스인, 힌두인, 중국인 그리고 아마도 다른 나라 사람들에 의해 아주 세밀한 방식으로, 실험을 통해, 연구됐습니다. 또 중세 땐 불교의 여러 분파, 이슬람과 그리스도교 수행자들에 의해 연구되었지요. 하지만 몇 세기 전부턴 모든 나라에서 잊혔습니다.

그런 전환을 어떤 민족 전체가 성취한다는 건 있을 수 없습니다. 그 전환의 성격 자체가 그걸 가로막지요. 그러나 전적으로 신비신학을 지향하는 종교가 어떤 민족의 삶 전체에 스며들 수는 있습니다.[8] 신비신학을 향한 그런 지향만이 종교를 우상 숭배와 구분 짓습니다.

프랑스 사회학파가 종교를 사회적으로 설명하는 방식은 거의 올바릅니다. 하지만 완전히 올바른 설명을 하려면 한없이 작은 것이 필요합니다. 한없이 작은 것이란 겨자씨, 밭에 숨겨진 진주, 빵 속의 효모, 음식 속의 소금 같은 것입니다. 즉 한없이 작은 것은 신입니다. 다시 말해 전체보다 한없이 큰 것입니다.

한 영혼의 삶에서와 마찬가지로 한 민족의 삶에서 관건을

---

8 『전집』의 편집자 주에선 신비신학이 사회적 삶에 스며드는 것이 베유의 『뿌리내림』의 대상 자체였다고 합니다.

이루는 건 이 한없이 작은 걸 중심에 놓는 것입니다. 한없이 작은 것과 직접 접촉할 수 없다면, 아름다움을 통해 그것이 스며들게 해야 합니다. 로마네스크 중세[9]는 바로 그런 것을 성취하려던 참이었지요. 완전하게 단순하고 순수한 아름다움에 사람들의 눈과 귀가 일상적으로 열려 있던 그 경이로운 시대에 말입니다.

사람들에게 세계의 아름다움을 경험하게 해 주는 노동 체제와 그렇지 못한 노동 체제의 차이는 한없이 작습니다. 하지만 이 한없이 작은 게 실질적인 것입니다. 그것이 없는 곳에선, 어떤 걸 상상해 내더라도 그 부재를 메울 수 없습니다.

얼마 전까지만 해도 도처에서 줄곧 노동 체제는 길드적 〔동업 조합적〕corporatif이었습니다. 노예제, 농노제, 임금 노동제prolétariat 같은 제도들은 길드적 조직에 암처럼 덧붙여진 것이었지요. 그리고 몇 세기 전부터 그 암은 기구機構 자체를 대체했습니다.

파시즘은 길드적인 공식formule을 내세웠지만, 그것은 평화를 말할 때 파시즘이 지녔던 것과 똑같은 진지함으로 그랬던 것일 뿐입니다. 게다가 오늘날 조합주의corporatisme라 불리는 것은 과거의 길드와는 어떤 공통점도 없습니다. 언젠간 반파시즘도 그런 공식을 채택할 수 있겠지만, 그런 커튼 뒤에

---

9 베유는 이 용어로 알비 십자군과 종교 재판에 의해 절멸된 10~13세기의 남프랑스 문명을 지칭합니다.『신의 사랑에 관한 무질서한 생각들』에 실린「옥시타니아적 영감이란 어떤 것일까」를 참조하시기 바랍니다.

서 전체주의 형태의 국가 자본주의로 빠져들 겁니다. 진정한 길드적 체제는 정신적으로 준비된 환경에서만 꽃필 수 있는 것입니다.

독일에 불행이 닥친 건 경제 위기의 형태로입니다. 그 불행은 독일을 격렬하게 밀어붙였지요. 우상 숭배의 열광 아래서 무관심의 공백 속으로요. 프랑스에 불행이 닥친 건 피정복의 형태로입니다. 정복된 민족에겐 민족적 우상 숭배가 불가능합니다.

선악 대립을 벗어나는 이 세 가지 방법 가운데 어떤 것도 노예들이나 피정복 민족들은 사용할 수 없는 것입니다. 게다가 고통과 모멸은 매일 그들 안에 외적인 악을 집어넣어, 두려움과 증오의 형태를 한 내적인 악을 일깨웁니다. 그들은 악을 잊을 수도 벗어날 수도 없습니다. 그래서 지상에서 지옥과 제일 비슷하게 닮은 곳에서 삶을 살아갑니다.

하지만 이 세 방법을 사용할 수 없는 건 똑같은 뜻에서가 아닙니다. 둘은 불가능합니다. 하지만 초자연적인 방법은 단지 어려울 뿐입니다. 즉 그 방법은 영적 가난을 통해서만 접근할 수 있습니다. 영적 가난의 미덕은 부자들이 부의 얼룩을 지우려면 꼭 필요합니다. 마찬가지로 영적 가난은 가난한 사람들에게도 꼭 필요합니다. 그들이 가난 속에서 무너지지 않으려면 말입니다. 하지만 부자건 가난하건 영적 가난을 실천하는 건 똑같이 어려운 일입니다. 정복당하고 억압받는 유럽이 해방의 순간에 최선의 날들을 맞으려면, 그사이에 영적 가난의 미덕이 뿌리를 내려야 합니다.

대중들은, 진정한 엘리트들[10]이 그들에게 영감을 불어넣지 않는다면, 문명을 창조할 수 없습니다. 그러므로 오늘날 그런 존재들이 가난한 대중들 사이에 영적 가난의 미덕을 밝혀야 합니다. 이를 위해서는 조건이 있습니다. 즉 그런 엘리트를 이루는 사람들이 가난해야 한다는 것. 영적으로뿐만 아니라 실제적으로도 가난해야 한다는 것. 그리고 가난이 주는 고통과 모멸을 매일 자신의 영혼과 몸으로 겪어야 한다는 것입니다.

필요한 건 새로운 프란체스코 수도회가 아닙니다. 승복僧服이나 수도원은 분리를 뜻합니다. 제가 말하는 사람들은 대중 속에 존재해야 하고, 아무것도 갖지 않고서 그들과 접촉해야 합니다. 가난보다 더 견디기 어려운 건 아무런 보상도 바라지 말아야 한다는 것입니다. 그 사람들은 자신을 둘러싼 대중들을 다음과 같은 자세로 성실히 대해야 합니다. 귀화한 사람이 그 나라의 시민들에 대해 갖는 겸손한 자세로 말입니다.

이 전쟁이 종교적 드라마일 것임을 일찍이 이해했었다면, 우리는 몇 년 전부터 예견할 수 있었을 겁니다. 어떤 민족들이 능동적 행위자고 어떤 민족들이 수동적 희생자일 것인지를. 종교적 삶[11]을 살지 않는 민족들은 단지 수동적 희생자일 수밖에 없었습니다. 이는 유럽의 거의 전체에 해당되는 말입니

---

10 어쩌면 베유는 '진정한authentiques 엘리트들'이라는 표현으로 카타르파의 '파르페' 같은 존재들을 염두에 두고 있을 수도 있겠습니다.

다. 하지만 독일은 우상 숭배의 삶을 살았습니다. 러시아는 또 다른 우상 숭배를 살았고, 아마도 그런 우상 숭배 배후엔 부인 된 과거의 어떤 유산들이 아직 꿈틀거릴 것입니다. 영국은 비록 세기의 질병들로 곪고 있지만, 그 나라의 역사엔 연속성이 있고, 전통 속엔 삶의 역능이 존재해서, 몇몇 뿌리는 신비신학의 빛이 스며든 과거로부터 수액을 끌어올립니다.

얼마 전에 영국은, 양손에 총을 들고 휘두르는 괴한 앞에 홀로 선 맨손의 어린아이처럼, 독일에 맞섰습니다. 그런 상황에서 어린아이가 할 수 있는 일은 거의 없습니다. 하지만 그 아이가 괴한의 눈을 침착하게 들여다본다면, 괴한이 잠시 멈칫거릴 건 확실합니다.

그런 일이 실제로 벌어졌습니다. 독일은 그런 멈칫거림을 부인하려고, 그래서 알리바이를 만들려고, 러시아를 공격했고 최정예 무력을 상실했습니다. 러시아 군인들이 흘린 피의 강물이 앞선 일을 거의 잊게 했지만 말입니다. 하지만 영국이 침묵과 부동성immobilité을 견지했던 그 시기[12]야말로 영원히 기억될 가치가 있습니다. 영불 해협에서 독일군을 멈춰 서게

11　이 책 2부와 3부에 실린 글들과 신비신학에 관한 앞의 언급들을 감안하면, 여기서 '종교적 삶'이 어떤 기성 종교를 따르는 삶을 뜻한다고 보기는 어렵습니다.

12　이는 베유가 독일 공군의 공습에 맞선 처칠 정부의 대응을 파악하는 방식입니다. 즉 처칠 정부의 이런 대응에 따라 히틀러가 유럽 침공을 멈추고 러시아로 관심을 돌렸다는 것입니다. 물론 베유의 이런 파악은 전쟁의 실제적인 과정과 다른 차원의 것입니다.

한 건 초자연적인 것이 이 전쟁에서 떠맡은 몫이었습니다. 그 몫은 언제나 음화陰畵이고 감지되지 않으며 한없이 작고 결정적입니다. 바다의 물결은 멀리 뻗어 나가지만, 어떤 게 그걸 멈춰 세웁니다. 고대엔 알고 있었지요. 신이 한계를 부여한다는 것을.

한때 프랑스의 모든 벽이 "우리는 이길 것이다. 우리는 제일 강하니까"라는 벽보로 뒤덮인 적이 있습니다. 그건 이 전쟁에서 제일 어리석은 표어였지요. 결정적 시점은 우리 군대가 거의 괴멸되었던 그 시점이었습니다. 적군이 멈춘 건, 신적이지 않은 힘이 한계를 마주했기 때문입니다.

전쟁은 다른 대륙들로까지 확장됐습니다. 일본을 이끈 우상 숭배는 다른 민족들의 우상 숭배보다 훨씬 격렬합니다. 미국엔 민주주의적 믿음이 아직 살아 있습니다. 프랑스에선 이미 전쟁 전에, 심지어 뮌헨[13] 전에 그런 믿음이 거의 사라졌지요. 결국 우리의 시대는 단순한 믿음의 시대가 아닙니다. 우리의 시대는 우상 숭배와 신앙의 시대입니다.[14] 미국에서 전쟁은 최근의 것이고, 거리로 인해 실감이 덜한 것입니다. 하지만 그 충격으로 인해, 전쟁이 더 지속된다면 중요한 전환들을 맞

13 히틀러가 체코슬로바키아를 침공하려 하자 1938년 9월 28~30일에 히틀러, 무솔리니, 영국의 체임벌린, 프랑스의 달라디에가 뮌헨에서 맺은 평화 협정을 말하는 듯합니다. 하지만 히틀러는 6개월 뒤에 체코슬로바키아를 침공합니다.

14 이어지는 글에서 베유는 우상 숭배와 신앙을 대립시키고 있습니다.

으리라는 건 거의 확실합니다.

유럽은 비극의 중심에 머물러 있습니다. 어쩌면 프로메테우스의 불과 똑같은 것일 그리스도가 지상에 가져다준 불 가운데 몇몇 숯불이 영국에 남아 있었습니다. 그로 인해 최악의 상황을 막을 수 있었지요. 하지만 우리는 그저 잠시 휴식할 수 있었을 뿐입니다. 대륙에서 타들어 갔던 그 숯불들과 불똥들이 유럽을 비출 불꽃을 만들어 내지 않는다면, 우리는 계속 길을 잃을 것입니다.

이 자유가 미국의 돈과 공장들에 의해서만 얻어진 것이라면, 우리는 어떤 방식으로건 다시 떨어질 것입니다. 우리가 겪고 있는 굴종과 맞먹는 또 다른 형태의 굴종 속으로. 잊어선 안 됩니다. 유럽이 다른 대륙이나 화성에서 온 무리에게 종속된 게 아니라는 것을. 만일 그랬다면 그들을 단지 쫓아내면 됩니다. 하지만 유럽은 내적 질병으로 고통받고 있습니다. 유럽은 치료받아야 합니다.

유럽이 살 수 있는 길은 오직 이것입니다. 즉 자신의 많은 부분으로부터 해방돼야 한다는 것. 다행히도 유럽은 정복자들의 우상 숭배에 맞서서 또 다른 우상 숭배를 내세울 수 없습니다. 피정복 민족들은 우상이 될 수 없기 때문입니다. 종속된 나라들이 정복자들에게 맞세울 수 있는 건 어떤 종교[15]밖에 없습니다.

15 　어떤 기성 종교가 아니라 아마도 영성의 특정한 존재 형태일 것입니다.

이 처참한 대륙에 어떤 신앙이 생겨난다면, 승리는 빠르고 확실하고 굳건할 것입니다. 전략적 측면에서도 물론 그렇습니다. 우리의 소통은 바다 위에서 행해지고, 잠수함들로부터 소통을 지켜 내야 합니다. 적은 억압받는 민중들 사이로 소통을 합니다. 그러나 어떤 진정한 신앙의 불길이 그 영토 곳곳에 퍼져 나간다면 그런 소통은 불가능해질 겁니다.

하지만 최신의 폭격기에 대한 묘사나 생산 통계, 옷과 식량에 대한 약속 같은 게 진정한 신앙을 만들어 낼 순 없습니다. 불행한 사람들이 신앙을 가지려면 단 하나의 길이 있을 뿐입니다. 즉 영적 가난의 미덕을 갖추는 게 그 길입니다. 바로 그런 영적 가난 속에 진실이 숨어 있습니다. 겉보기에 영적 가난은 예속을 받아들이는 것 같습니다. 실제로 그렇습니다. 한없이 작은 것이 끼어든다는 단 하나를 제외하고선 말입니다. 언제나 한없이 작은 그것, 그러나 전체보다 한없이 더 큰 그것 말입니다.

불행은 그 자체로서는 영적 가난의 학교를 이루지 못합니다. 불행은 다만 계기를 이룰 뿐입니다. 영적 가난을 배울 수 있는 거의 유일한 계기 말입니다. 불행은 행복만큼 금세 사라지진 않지만, 어쨌거나 지나가는 것이고, 그러니 서둘러야 합니다.

지금의 이 계기가 도움이 될 수 있을까요? 이 문제는 어쩌면 전술적인 계획들보다 더 중요합니다. 또 분배의 통계나 도표보다도 경제학적으로 더 중요합니다. 히틀러는 우리에게 진정으로 현실적인 정치는 무엇보다 우선 모든 생각을 고려

한다는 가르침을 줍니다. 우리가 만일 배우려고만 한다면 말입니다.

히틀러는 악을 위해 움직입니다. 그의 재료는 대중과 밀가루 덩어리입니다. 우리는 선을 위해 움직입니다. 우리의 재료는 효모입니다. 이 방법들은 서로 다른 결실을 맺을 겁니다.

우리는 정의를 위해 싸우고 있을까요?[1]

"정의를 검토하는 것은 오직 양쪽 편에서 똑같이 필요를 느낄 때뿐입니다. 강자와 약자가 있는 곳에선, 강자는 가능한 것 le possible을 행하고 약자는 받아들입니다."[2]

이는 투퀴디데스의 책에서 곤경에 처한 작은 도시 멜로스〔밀로스〕에 최후 통첩을 하러 온 아테네인들이 한 말입니다.

그들은 덧붙입니다. "우리는 다음의 것에 관해, 신들에 대해선 믿음을, 사람들에 대해선 확실성을 가지고 있습니다. 즉 누구든 언제나 자연의 필연성에 의해서, 권력을 가진 곳에선 명령을 한다는 것을 말입니다."

이처럼 그들은 단 두 문장으로 현실 정치 전체를 드러냅니다. 오직 그 시대의 그리스인들만이 이토록 훌륭한 명철함을 지니고 악을 파악할 줄 알았습니다. 그들은 이제 더 이상 선을 사랑하진 않습니다. 하지만 선을 사랑했던 아버지들로부터 선의 빛을 물려받았습니다. 그리고 그 빛을 통해 악의 진실을 인식하지요. 그때까진 사람들이 아직 거짓말 속에 빠져

1　"Luttons-nous pour la justice?", *Œuvres complètes*, V-1, Gallimard, 2019, pp. 239~249. 1943년에 런던에서 쓴 원고입니다.

2　투퀴디데스, 『펠로폰네소스 전쟁사』, 천병희 옮김, 숲, 2011, V권 105장 2절.

들지 않았던 것입니다. 그런 까닭에 아테네인들은 제국을 세우지 않습니다. 로마인들은 제국을 세우지요.

위의 두 문장은 선한 영혼들에게 충격을 줍니다. 하지만 살과 피와 영혼 전체를 통해 그 진실을 체험하지 않은 사람은 아직 정의에 대한 실질적 사랑에 이를 수 없습니다.

그리스인들은 경탄스럽게도 정의를 상호 간의 동의로 정의합니다.

플라톤은 이렇게 말합니다. "사랑Amour[3]은 불의를 당하지도 않고 행하지도 않습니다. 신들 사이에서도 사람들 사이에서도 그렇습니다. 사랑이 어떤 일을 당하더라도, 힘에 의한 건 아닙니다. 힘은 사랑을 사로잡지 못하기 때문입니다. 사랑은 움직일 때, 힘을 통해 움직이지 않습니다. 누구든 모든 면에서 사랑에 복종할 것을 동의하기 때문입니다. 왕도王都의 법은 말합니다. 상호 간의 동의를 통해 합의에 이른 곳엔 정의가 있다고."[4]

이에 따라 앞서 인용한 투퀴디데스의 말 가운데 정의와 가능한 것의 대립은 매우 명료해집니다. 즉 양쪽이 동등한 힘을 지녔다면, 사람들은 상호 동의의 조건들을 검토합니다. 하지만 상대편이 거부할 역량이 없다면, 그의 동의를 얻기 위한 방법을 굳이 찾아 나서지 않을 겁니다. 그렇다면 오직 객관적

---

3   플라톤은 아가톤의 입을 빌려 에로스 신에 관해 말하고 있지만 베유는 사랑 자체를 말하는 것처럼 여겨집니다.
4   플라톤, 『향연』, 196b~c.

필요에 부응하는 조건들만 검토될 것입니다. 즉 물질적인 것 matière의 동의만 구하면 된다는 것이지요.

달리 말해, 인간 행위의 규준規準이나 한계는 오직 방해물들에 따른 것입니다. 사람의 행위가 접하는 현실은 오직 방해물들뿐입니다. 물질적인 것은 자신의 메커니즘이 지어낸 방해물들을 부과합니다. 사람은 거부할 수 있는 권력—어떤 때는 지니고 어떤 때는 지니지 못한—을 방해물로 부과할 수 있습니다. 그런 권력을 지니지 못했다면, 그는 방해물이 되지 못하고 한계를 구성하지도 못합니다. 그리하여 그는, 행위 그리고 행위자에 대하여, 존재하지 않습니다.

행위를 할 때마다 생각은 목표로 향해집니다. 방해물들이 없다면, 목표는 생각하자마자 달성됩니다. 가끔 그런 식으로 일들이 이루어지겠지요. 아이는 잠시 사라졌던 엄마를 멀리서 보자마자, 엄마를 봤다는 걸 자각하기도 전에 그 품에 안길 겁니다. 하지만 즉각적인 달성이 불가능한 경우엔, 애초에 목표에 고정됐던 생각이 방해물들을 뒤쫓아 이어집니다.

생각은 방해물들에 의해서만 촉발됩니다. 눈앞에 방해물들이 보이지 않더라도 생각은 멈추지 않지만 말입니다. 그의 행위의 재료 가운데 방해물이 아닌 것—이를테면 거부의 힘이 없는 사람들—은, 생각에겐, 눈에 전혀 보이지 않는 유리처럼 투명해집니다. 그 앞에 멈춰 서는 건 생각에 달린 일이 아니지요. 유리를 보는 게 시선에 달린 일이 아니듯이.

유리를 보지 못하는 사람은 자신이 유리를 보지 못한다는 걸 모릅니다. 다른 각도에 서 있어서 유리가 보이는 사람은 옆 사람이 그걸 보지 못한다는 걸 모릅니다.

원하는 걸 자신이 아닌 다른 사람들의 행동을 통해 실현할 때, 우리는 그들이 동의하는지를 알아보려고 시간을 들여 살펴보지 않습니다. 우리 모두가 그렇습니다. 우리의 주의력은 전적으로 작업의 성공에만 기울여지고 그들을 향하지 않습니다. 그들이 양순한 한에선.

그것으로 충분하다는 것입니다. 그러지 않으면 일은 제대로 되지 않을 터이고, 일이 제대로 안 되면 우리는 망한다는 겁니다.

하지만 그런 태도로 인해 행동은 신성 모독으로 더럽혀집니다. 사람의 동의는 성스러운 어떤 것이기 때문입니다. 동의는 사람이 신에게 허락하는 것입니다.[5] 동의는 신이 거지처럼 사람에게 구하러 오는 것이니까요.[6]

5   배유가 이처럼 말하는 것은, 뒤에서 보겠듯이, "거부할 권력이 없는 곳에서도 동의를 구하는 것"이 "권력을 가진 곳에선 명령을 한다"는 자연 필연성을 초월한 것이라고 여기기 때문이고, 그런 초월이 신의 사랑에 대한 동의에서 비롯된 것이라고 여기기 때문입니다.

6   배유는 「신의 사랑과 불행」(『전집』IV-1권, 한글판으론 『신을 기다리며』)에서 이렇게 말합니다. "공간과 시간의 무한성을 건너 신의 무한하게 더욱 무한한 사랑은 우리를 사로잡으러 옵니다. 그 사랑은 정확한 때에 오지요. 우리는 그 사랑을 받아들이는 데 동의하거나 거부할 권력을 갖습니다. 우리가 귀를 막고 있으면, 그 사랑은 거지처럼 다시 오고 또다시 오다가, 역시 거지처럼 언젠가부터 더 이상 찾아오지 않습니다"(357~358쪽, 한글판으론 107쪽).

신이 허락해 달라고 각각의 사람에게 끊임없이 간청하는 것을 오히려 사람들은 무시합니다.

성폭행은 동의 없는 사랑의 끔찍한 희화화입니다. 그다음엔 강압oppression이 인간 실존의 두 번째 참혹함입니다. 강압은 복종[7]의 끔찍한 희화화이지요. 동의는 사랑에서만큼이나 복종에서도 본질적입니다.

멜로스의 학살을 자행한 사람들은 이교도입니다. 혐오스러운 의미에서 말입니다. 반면, 그들의 아버지들은 이교도가 아니었지요. 그들은 다음의 단 한 문장으로 완전하고 완벽하게 이교도적 세계관을 정의합니다. "우리는 신들에 관해 이렇게 믿습니다. 어떤 신이든 언제나 자연의 필연성에 의해서, 권력을 가진 곳에선 명령을 하리라는 것을."[8]

그리스도교 신앙은 이와는 정반대되는 확언을 외치는 것일 뿐입니다. 고대 중국, 인도, 이집트, 그리스의 독트린들도 마찬가지입니다.

창조의 행위는 위력puissance의 행위가 아닙니다. 그것은 포기입니다. 신의 왕국이 아닌 다른 왕국을 세우는 것이기 때문입니다. 이 세계의 현실은 물질의 메커니즘과 이성적 피조

7   이때 베유는 동의에 따른 복종을 말하고 있습니다. 뒤에서 보겠듯이, 베유는 동의한 복종을 신의 사랑에 대한 복종의 동의와 연결시키면서, 자유의 유일한 조건으로 간주합니다.

8   앞서 인용된 문장의 일부를 다시 번역한 문장입니다. 베유는 앞에서와는 약간 달리 번역했고 저(옮긴이)도 그렇게 했습니다.

물의 자율성으로 구성됩니다. 즉 세계는 신이 물러난 왕국입니다. 신은 세계의 왕이길 포기했기에 다만 거지처럼 세계를 찾아올 수밖에 없습니다.

플라톤은 그런 포기의 이유를 이렇게 말합니다. "신은 선했었습니다"라고.[9]

그리스도교 독트린은 두 번째 포기 개념을 다음처럼 내포하고 있습니다. "〔…〕 신의 조건 속에 있으면서도 예수는 신과의 동등성을 내세우려 하지 않았습니다. 그는 자신을 비웠습니다. 그리고 노예의 조건 속에 머물렀습니다. 〔…〕 그는 자신을 낮췄습니다. 죽음에 이르기까지 복종하는 존재로. 〔…〕 신의 아들임에도 불구하고 그는 고통을 통해 복종을 배웠습니다."[10]

이 말은 멜로스를 학살한 아테네인들에 대한 응답일 수 있습니다. 물론 아테네인들은 이 말을 비웃을 겁니다. 어쩌면 그들이 올바를 겁니다. 이 말은 부조리하고 미쳤습니다.

그런데 그 말이 부조리하고 미친 것이라면, 그에 상관적으로, 다음과 같은 것도 누구에게든 부조리하고 미친 것일 겁니다. 즉 거부할 권력이 없는 곳에서도 반드시 동의를 구해야한다고 요구하는 것 말입니다. 이는 똑같이 미친 짓입니다.

그러나 아이스퀼로스는 프로메테우스에 관해 이렇게 말

---

9 플라톤, 『티마이오스』, 29e.
10 필립비인들에게 보낸 편지 2장 6~8절과 히브리인들에게 보낸 편지 5장 8절. 즉 이 인용문은 이 두 텍스트를 합친 것입니다.

합니다. "미친 것처럼 보일 지경으로 사랑하는 건 훌륭한 일입니다"라고.[11]

사랑의 광기에 사로잡힌 사람은 행동과 생각의 방식이 완전히 달라집니다. 그 광기는 신의 광기를 닮은 것입니다. 신의 광기는 사람들의 자발적인libre 동의를 요청하는 것입니다. 이웃을 향한 사랑에 미친 사람들은 고통받습니다. 세계 도처에서 사람들이, 동의를 요청받지도 못한 채로, 다른 사람들의 욕망의 매개물로 이용된다는 것으로 인해. 이웃을 향한 사랑에 미친 사람들은 몹시 괴로워합니다. 바로 그들 자신의 욕망이, 자신이 속한 집단의 욕망이 그런 일을 하기도 한다는 것으로 인해. 그 관계의 성격이 어떤 것이건 인간 존재들에 대한 이 미친 사람들의 모든 행동과 생각 속에서, 이들 각자는 예외 없이 드러납니다. 사랑으로 인해 선에 자발적으로 동의할 수 있는 능력을 갖춘 존재처럼. 그 능력은 각각의 사람의 영혼과 살 속에 감춰진 것이지요. 사람의 생각의 메커니즘을 그런 능력으로 이끄는 것은 독트린, 관념, 성향, 의도, 욕망 들이 아니라, 광기입니다.

11 『전집』의 편집자 주에 따르면, 이 문장은 베유가 기억만으로 인용한 것입니다. 런던으로 이사하면서 책을 가져오지 못한 것일까요? 베유는 마르세유에서 쓴 「그리스도교 이전의 직관들」(『전집』IV-2권) 234쪽에서 아이스퀼로스의 『결박된 프로메테우스』385행을 "도를 넘은 것처럼insensé 보일 정도로 다른 사람들의 선le bien을 바라는 것보다 더 훌륭한 것은 없습니다"라고 직접 번역했었는데, 그것을 여기서 이렇게 옮긴 것 같습니다.

돈이 없어 굶주린 사람은 음식과 관련된 어떤 것도 고통 없이 바라볼 수 없습니다. 그에게 도시, 마을, 길은 어슴푸레한 집들로 둘러싸인 식당들, 음식물 가게들일 뿐입니다. 그는 길을 따라 걷다가 식당들을 지나치면 잠시 멈춰 서지 않을 수 없습니다. 걸음을 가로막는 어떤 방해물도 없어 보이는데 말입니다. 하지만 그에겐 그런 방해물이 하나 있습니다. 굶주림이 바로 그것이지요. 평화롭게 산책을 하거나 일을 보러 길을 나선 행인들은 극장의 장식물들을 지나치듯 길을 걷습니다. 하지만 굶주린 사람에게 모든 식당은 그것들을 방해물로 만드는 보이지 않는 메커니즘의 작용에 따라 꽉 찬 현실성을 지니게 됩니다.

그런데 그럴 수 있는 조건은 그가 굶주렸다는 사실입니다. 굶주림이 그의 몸을 파고들지 않는다면 이 모든 일은 벌어지지 않습니다.

사랑의 광기에 사로잡힌 사람들은 세계 곳곳에서, 사람의 삶의 모든 형태에서, 모든 인간 존재에게서, 자유로운 동의의 능력이 꽃피는 걸 보려는 욕구를 지닙니다.

이성적인 사람들은 생각하지요. '그게 그들에게 무얼 해줄 수 있지?'라고. 불쌍한 사람들! 그건 그 사람들〔이성적인 사람들〕의 잘못이 아닙니다. 그들〔사랑의 광기에 사로잡힌 사람들〕은 미쳤습니다. 그들의 위胃는 고장이 났어요. 그들은 배가 고프고 정의에 굶주렸습니다.

굶주린 가난한 사람에게 식당들이 그러하듯, 사랑에 사로잡힌 사람들에게 모든 인간 존재는 현실성을 갖습니다. 오직 그들에게만 그렇습니다. 평범한 사람들에게 어떤 인간 존재가 진정으로 존재한다는 감각을 불러일으키는 건 언제나 정황들의 특별한 작용이거나 특별한 인격적 자질입니다. 반면, 그 미친 사람들은 그 어떤 정황 속에 처한 어떤 인간 존재에게도 주의를 기울일 수 있고, 그로부터 강렬한 현실성의 충격을 받습니다.

하지만 그러기 위해선 미쳐야만 하고, 굶주림이 신체 기관들의 작용을 파괴하듯, 마음의 자연스러운 균형을 파괴하는 욕구를 자신 안에 지녀야 합니다.

동의를 행하거나 거부할 권력을 지니지 못한 존재들의 집단은, 그 전체가, 그런 권력을 가질 정도로 상승할 최소한의 기회도 갖지 못합니다. 명령하는 위치의 사람들이 함께 거들지 않는다면 말입니다. 그런데 그런 공모共謀를 해 줄 수 있는 건 미친 사람들뿐입니다. 게다가 낮은 곳에 광기가 많아야, 높은 곳에서 그 광기에 전염돼 미친 사람들이 생겨날 가능성이 많아집니다.

어떤 주어진 시점에, 사람들 틈에 사랑의 광기가 있는 한에서만, 정의의 의미가 변화할 가능성이 있습니다. 다른 것은 없습니다.

정의와 자애를 대립시키려면, 정의의 영역과 자애의 영역이 다르다고 믿으려면, 그중 하나가 더 크다고 믿으려면, 자애가 정의보다 위에 있고 정의는 자애보다 아래에 있다고 믿으려면, 눈이 멀어야만 합니다.

이 두 개념이 대립된다면, 자애는 종종 천박한 동기를 갖는 변덕에 불과할 것이고, 정의는 사회적 강제에 불과할 겁니다. 이를 못 알아차리는 사람들은 불의가 전적으로 용인되는 상황에 한 번도 처한 적이 없거나, 정의를 실천하는 게 쉽다고 믿을 정도로 거짓말 속에 안착한 사람일 겁니다.

진열장의 물건을 훔치지 않는 건 정의롭습니다. 적선을 하는 건 자애롭습니다. 그러나 상점 주인은 저를 감옥에 보낼 수 있습니다. 반면, 거지는 생사生死가 저의 도움에 달렸다 할지라도, 도움을 거부하는 저를 경찰에 고발하지 못합니다.

우파와 좌파의 많은 논쟁은 결국엔 다음 대립에 따른 것입니다. 즉 개인직 변덕에 대한 선호와 사회적 강제에 대한 선호 사이의 대립. 어쩌면 더 정확하게는 사회적 강제에 대한 공포와 개인적 변덕에 대한 공포 사이의 대립이 그것입니다. 자애와 정의는 거기에 아무 관계도 없습니다.

정의의 대상은 이것입니다. 즉 동의의 능력을 지상에서 실행하는 것. 그 실행을 그것이 존재하는 모든 곳에서 종교적으로 보호하는 것, 그 조건들을 그것이 부재하는 곳에서 만들어 내려고 노력하는 것은 정의를 사랑하는 일입니다.

정의라는 독보적이고도 몹시 아름다운 단어는 프랑스의 이념을 이루는 세 단어가 지닌 의미 전체를 함축합니다. 자유는 동의를 행할 수 있는 실질적 가능성이지요. 또 사람들은 그 가능성과 관련해서만 평등을 필요로 합니다. 그리고 박애의 정신은 모든 사람이 그 가능성을 갖추길 바라는 것입니다.

동의의 가능성은 동의를 위한 동기들을 품은 삶에 의해서만 생겨납니다. 영혼과 몸의 헐벗음과 빈곤은 동의가 가슴의 내밀한 곳에서 이루어지는 걸 가로막습니다.

동의의 표현은 필수적이지만, 단지 이차적으로만 그렇습니다. 표현되지 않은 생각은 불완전합니다. 하지만 그 생각이 실질적이라면, 스스로를 표현하는 간접적인 길들을 뚫어 낼 겁니다. 어떤 생각도 상응하지 않는 표현은 거짓입니다. 그러니 언제 어디서나 거짓말의 가능성이 존재합니다.

복종은 인간 삶의 절대적 법칙입니다. 하지만 동의한 복종과 동의하지 않은 복종의 차이를 확실히 해야 합니다. 동의한 복종이 있는 곳엔 자유가 있습니다. 그 밖의 다른 어떤 곳에도 자유는 없습니다.[12]

국회에도, 언론에도, 그 어떤 제도에도 자유는 존재할 수 없습니다. 자유는 복종 속에 존재합니다. 복종이 도처에서 자유의 일상적이면서도 항구적인 향기를 갖지 않는 곳에는 자유가 없습니다. 자유는 진정한 복종[13]의 향기입니다.

복종의 형태와 표현 들은 전통과 환경에 따라 많은 차이

12   베유는 「그리스도교 이전의 직관들」에서 이렇게
말합니다. "우주는 복종의 고밀도 집적 이외의 다른 게 아닙니다.
이 밀도 높은 집적에는 빛나는 지점들이 스며들어 있습니다. 그
지점들은 신을 사랑하고 복종에 동의한 [⋯] 영혼들의 초자연적
부분입니다"(286쪽). 그는 또 이렇게 덧붙입니다. "복종에 대한
동의는 눈먼 동의와 신 사이의 매개물입니다. 완전한 동의는
그리스도의 동의입니다"(287쪽).
13   뒤에 나오듯이, 상대에게 동의를 구하는 조건 속에서,
임금 노동제나 의회 민주주의에서처럼 사고판 것이나 열광에
의한 것이 아닌, 오직 내재적인 사랑에 따라 동의한 복종을 말하는
것입니다.

가 납니다. 그래서 우리보다 훨씬 더 자유로운 사람들로 이루어진 사회가 우리의 사회와는 아주 다를 때, 우리의 무지 때문에 전제적인 사회로 보일 수 있습니다. 우리는, 단어들mots의 영역을 넘어서면 언어langage의 차이들과 오해의 가능성들이 있음에 대해 무지합니다. 우리는 그런 무지를 자신 안에 지켜 나갑니다. 그런 무지가 우리 안의 고백되지 않은 수치스러운 끌림goût에 영합하기 때문입니다. 그 끌림은 자유를 앞장세워 노예로 삼는 정복에 대한 끌림입니다.

다른 한편으론, 노예제에 대한 일종의 특별한 충성이 있습니다. 그런 충성은 동의의 기호이기는커녕, 잔혹한 강제 체제의 직접적 효과입니다. 사람의 본성은 불행에 처했을 때 절망적으로 어떤 보상이든 찾으려 하기 때문입니다. 불행에 대한 생각에서 벗어나게 해 준다면, 증오건 침울한 무관심이건 맹목적 애착이건 무엇이든 상관없이 좋다는 것입니다.

자유가 있는 곳에선 행복과 아름다움과 시가 활짝 꽃핍니다. 이는 자유의 유일하고 확실한 지표입니다. 민주주의적 사고에는 심각한 문제가 있습니다. 동의를 동의의 한 가지 특정한 형태와 동일시하는 게 그것입니다. 하지만 그 형태는 유일한 동의가 아니고, 모든 형태가 그러듯이, 손쉽게 텅 빈 형태로 전락합니다.

우리의 의회 민주주의는 공허한 것이었습니다.[14] 지도자들 일부를 선출하고선 그들을 경멸했고, 선출되지 않은 사람들에겐 원망을 퍼부었으며, 모두에게 마지못해 복종했기 때문입니다.

동의는 팔거나 사는 게 아닙니다. 그러므로 정치 체제가 어떤 것이건, 화폐의 교환이 사회적 활동의 압도적 부분을 차지하고 거의 모든 복종이 사고팔리는 사회에서, 자유란 있을 수 없습니다.

억압을 성폭행에 비유할 수 있다면, 돈이 노동의 동인이 될 정도로 진척된, 노동에 대한 화폐의 지배는 성매매에 비유할 수 있습니다.

열광은 동의가 아닙니다. 그건 마음이 무엇엔가 피상적으로 말려든 것입니다. 열광이 동의에 대해 갖는 관계는 다음의 관계와 똑같습니다. 즉 타락한 여성에 대한 방탕아의 병적인 집착이 결혼에 대해 갖는 관계가 그것입니다.

강제, 돈 그리고 세심하게 관리되고 장려되는 열광 이외의 다른 동기를 모르는 곳에선, 자유의 가능성이 없습니다.

오늘날 백인종의, 그리고 백인종의 영향력이 파고든 모든 나라에서 대부분의 일이 상이한 비율의 조합 속에서[15] 그렇게 진행됩니다.

영국이 이에 대해 적지 않은 측면에서 예외를 이루는 건, 아직 약간의 과거가 생생하게 살아 있고 건드려지지 않았기 때문입니다. 영국의 곳곳에 현존하는 그 과거는 한때 세계에서 유일한 구원의 빛이었습니다. 반면, 다른 곳에는 그와 유사

---

14   베유는 런던의 프랑스 망명 정부에 소속돼서 전후 프랑스의 재건이라는 목표 아래 이 글을 썼고, 그래서 전쟁 전의 의회 민주주의를 지나간 과거처럼 다룹니다.

15   강제, 돈, 열광의 비율을 말하는 듯합니다.

한 보물이 없었지요.

불행하게도 우리에게 자유는 가까운 데서 찾을 수 있는 게 아니고, 난데없이 도둑맞은 친숙한 것도 아닙니다. 자유는 이제 발명해야 하는 어떤 것입니다.

우리 프랑스인들은 과거에 1789년의 원칙들을 세계를 향해 쏘아 올린 적이 있습니다. 하지만 그로 인해 자만했던 건 잘못이지요. 그때나 지금이나 그 원칙들을 숙고할 줄도 제대로 실천할 줄도 모르기 때문입니다. 그 기억들 앞에서 우리는 오히려 겸손해져야 합니다.

조국과 관련해서라면 겸손은 신성 모독처럼 어거집니다. 하지만 그런 금기는 정의와 사랑의 정신과 현대의 애국심 사이에 장벽을 설치합니다. 바리새적인 정신이 겸손이 제거된 모든 감정을 그 원천에서부터 오염시키는 것이지요.

현대의 애국심은 이교도적 시기의 로마에서 물려받은 감정이고, 명명되지도 않은 상태에서 오랜 그리스도교적 세기들을 거쳐 우리에게까지 전해진 것입니다. 바로 그래서 현대의 애국심은 1789년 원칙들의 정신과 어울리지 않습니다. 우리는 이 두 가지를 진실 속에서 함께 조립할 수 없습니다. 프랑스인들에게는 그게 필수적인 것처럼 보이더라도 말입니다.

애국심은 그 자체로 몇몇 사람을 경직화시켜 극단적인 희생에까지 내몰 수 있습니다. 하지만 오늘날의 절망한 군중들의 양식糧食이 될 순 없습니다. 군중들에겐 코르네유적[16]이 아닌 어떤 것, 친밀하고 인간적이며 따뜻하고 단순한 것, 교만하지 않은 것이 필요합니다.

복종에 동의하려면 무엇보다 사랑하는 어떤 것이 있어야 합니다. 바로 그것에 대한 사랑으로 인해 복종에 동의한다는 것이지요.

그것은 대립물에 대한 증오 때문이 아니라 그것 자체로 인해 사랑하는 어떤 것입니다. 복종에 동의하는 정신은 증오가 아니라 사랑에서 비롯되는 것입니다.

실제로 증오는 가끔 매우 빛나 보이는 복종의 모조품을 내놓습니다. 하지만 그 모조품은 보잘것없고 나쁜 순도의 것이며 오래 지속되지 않고 금방 고갈됩니다.

어머니가 에콜 폴리테크니크에 수석 입학한 아들을 그 때문이 아니라 다른 이유로 사랑하듯이, 그것의 영예, 위세, 반짝임, 쟁취들, 광채, 기대되는 확산 때문이 아니라, 그 자체로, 그것의 벌거벗은 모습이나 실재하는 모습으로 인해 사랑하는 어떤 것. 그런 것에 대해서가 아니라면 감정은 충분히 깊을 수 없어서, 지속적인 복종의 원천이 될 수 없을 겁니다.

그러므로 국민들이 암시나 선전 또는 외적 자극에 의해서가 아니라 가슴 깊은 곳에서, 과거의 심층으로부터, 전통적인 열망들로부터 자연스럽게 사랑할 수 있는 어떤 것이 필요합니다.

16 코르네유(1606~1684)는 프랑스 극작가입니다. '코르네유적'이란, 저(옮긴이)로선 잘 알 수 없지만, 그의 작품 속 주요 인물들의 특징으로, 의무와 사랑의 갈등 속에서 숭고한 어떤 것에 이르는 것인 것 같습니다.

젖을 빨면서 자연스럽게 자라나는 사랑, 청년들이 가슴의 제일 비밀스러운 곳에서부터 그것에 삶 전체를 바쳐 복종하겠다는 충실성fidélité의 서약을 확고하게 맺게 할 사랑이 필요합니다.

사회적 삶의 형태들이 다음의 방식으로 조직되어야 합니다. 즉 국민들의 관습, 전통, 애착에 제일 잘 부합하고 가장 쉬운 상징적 언어로 그런 충실성의 성스러운 성격, 그런 충실성을 도출한 자유로운 동의, 그로부터 생겨나는 엄격한 의무들obligations을 부단히 환기하는 방식으로 말입니다.

이런 관점에서 볼 때, 프랑스에서 공화국, 보통 선거, 독립적인 노조 활동이 필요 불가결하다는 건 말할 것도 없습니다. 하지만 그것들만으론 한참 부족합니다. 그것들은 이젠 어찌 되건 상관없는 게 됐고, 파괴된 지 한참 뒤에야 겨우 관심을 되찾았을 뿐입니다.

프랑스 제국과 관련해선, 과거의 지표들이 진실을 담고 있다면, 식민지와 관련된 모든 문제를 여태와는 전혀 다른 관점에서 엄밀하게 제기해야 합니다. 거짓말이라는 공격을 받더라도 말입니다.

삶의 형태들의 갱신, 사회적인 창조, 활발한 발명들이 없다면 우리는 자유, 평등, 박애를 되찾지 못할 겁니다.

하지만 우리는 그처럼 도약하기엔 너무 탈진해 있습니다.

사람들은 모두가 정신적으로 질병의 단계에 이르러서, 기적적으로가 아니라면 치유될 수 없을 듯 보입니다. '기적적'이라는 건 불가능하다는 게 아니라, 특정한 조건하에서만 가능하다는 것입니다. 어떤 영혼이 은총을 받아들이는 조건들은 기계적 작동의 조건들과는 다른 종류의 것입니다. 그런데 그 조건들은 훨씬 더 엄격합니다. 그 조건들을 면제해 주는 계책이나 속임수를 찾는 건 더욱더 불가능하지요.

정의를 위해 싸우는 건 쉬운 일이 아닙니다. 어떤 진영이 덜 불의한지를 식별하는 것으로는 불충분합니다. 진영을 선택한 뒤 무기를 들고 적의 무기와 맞서는 것으로도 불충분합니다. 물론 그건 아름답습니다. 말로 할 수 있는 것보다 더. 하지만 그것은 적과 대면해서 정확하게 똑같은 일을 하는 것입니다.

그러므로 다음의 것이 덧붙여져야 합니다. 즉 정의의 정신이 우리 안에 거주하는 것. 정의의 정신이란 사랑의 광기가 피우는 최고이자 완벽한 꽃입니다.

사랑의 광기는 연민을 전투를 포함한 모든 행동의 동기로 삼습니다. 그것은 권세, 영광 그리고 명예보다 훨씬 강력한 동기입니다.

사랑의 광기는 연민으로 인해 모든 걸 포기하게 합니다. 성 바울이 그리스도가 스스로를 비웠다고 말했듯이 말입니다.[17]

부당한 고난 한가운데서 사랑의 광기는 세계의 모든 피조물에게 불의를 겪게 하는 보편적 법칙을 받아들이는 것에 동의하게 합니다. 이 동의는 영혼을 악에서 끄집어냅니다. 이 동

---

17 필립비인들에게 보낸 편지 2장 6~8절.

의는 영혼 속에서 악을 선으로, 불의를 정의로 바꾸는 기적적인 힘을 가집니다. 이 동의는, 비열함이나 반항심 없이 존중하는 마음으로 받아들인 고난을 신적인divine 것으로 만들어 줍니다.

사랑의 광기는 다음의 것들을 향합니다. 즉 사람들의 모든 터전에서 예외 없이, 지구의 모든 장소에서, 지상에서의 아름다움과 행복과 충만의 연약한 가능성들을 알아보고 똑같이 귀중하게 여기는 것. 그 모든 가능성을 평등한 종교적 보살핌 속에서 보호할 수 있기를 염원하는 것. 그런 가능성들이 없는 곳에선, 그것들이 존재했었던 가장 작은 흔적들까지도, 그것들을 다시 생겨나게 할 수 있는 가장 작은 씨앗들까지도 따뜻하게 덥힐 수 있기를 염원하는 것.

사랑의 광기는, 분노나 용기보다 더 깊이 자리한 가슴의 구역에, 분노와 용기가 자신들의 힘을 끌어냈던 장소에 적에 대한 따뜻한 연민을 새겨 넣습니다.

사랑의 광기는 스스로를 드러내려 하지 않습니다. 하지만 모든 생각을 통해, 모든 말과 행동을 통해, 모든 정황 속에서 어떤 예외도 없이, 어조와 음색과 거동으로 어쩔 수 없이, 빛을 냅니다. 사랑의 광기는 빛을 뿜어낼 수 없는 생각과 말과 행동 들을 불가능하게 만듭니다.

그것은 진짜로 광기입니다. 그래서 위험 속으로 뛰어듭니다. 그런데 그 위험은 우리가 대의大義건 교회건 조국이건 세계 속의 어떤 것에라도 마음을 내주었다면, 감히 뛰어들 수 없는 것입니다.

어쨌거나 사랑의 광기로 인해 그리스도가 맞이한 결과[18]가 그 광기의 기준을 이루지는 않습니다.

게다가 우리는 그 험로들을 두려워할 필요가 없습니다. 우리 안엔 사랑의 광기가 거주하지 않으니까요. 만일 안에 사랑의 광기가 있다면 그게 느껴질 겁니다. 하지만 우리는 이성적인 사람들입니다. 세상의 중요한 일에 몰두하는 사람들이 이성적인 게 당연하게 여겨지듯 말입니다.

그러나 만일 우주의 질서가 현명한 질서라면, 다음 같은 시점들이 이따금 있어야만 합니다. 즉 땅 위의 이성의 관점에서도 사랑의 광기만이 유일하게 이성적으로 보이는 시점들. 그런 시점들은 오늘날처럼 사랑의 부족으로 인류가 미쳐 버린 시점들입니다.

확실할까요? 오늘날 몸과 마음이 굶주린 군중들에게 사랑의 광기가 저열한 원천의 영감들보다 훨씬 소화가 잘되는 양식들을 제공하지 못하리라는 것이?

지금 있는 모습 그대로의 우리는 정의의 진영 속 제자리에 있는 게 확실할까요?

18   베유는 「개인성과 성스러움」(『신의 사랑에 관한 무질서한 생각들』) 76쪽에서 "극단적이고 부조리한 사랑이 그리스도를 십자가로 이끕니다"라고 합니다.

옮긴이의 말

시몬 베유가 1942년 이후에 쓴 글들 가운데 종교사에 관련된 여섯 편을 골라 번역했습니다.

1부와 2부의 네 편의 글은 그리스도교의 전사前史와 역사를 다룬 1942년의 글들로, 베유는 이 글들에서 그리스도교의 변질 또는 타락의 배경을 추적합니다.

3부의 두 편의 글은 베유가 1943년 런던의 프랑스 망명 정부에서 일하면서 전후 프랑스 사회의 재건이라는 맥락에서 쓴 것들입니다. 이 글들에서 베유는 a) 부르주아 민주주의의 공허성과 b) 공산주의와 나치즘의 폭력성과 야만성 틈새에서 새로운 영성적 질서를 구상합니다.

앞의 네 편의 글과 뒤의 두 편의 글은 이렇게 연결됩니다. 1) 히틀러의 전체주의로까지 이어지는 그리스도교의 변질 또는 타락이라는 배경 속에서 2) 다분히 반反종교적일 수 있는 영성적 질서를 모색하는 것으로서 말입니다.

1부와 2부의 네 편의 글에서 베유는 특히 그리스도교의 배타성을 보편주의의 관점에서 비판합니다. 그리스도교의 특수성인 줄 알았던 것을 지중해 종교사와 세계 종교사의 보편적 맥락 속에 위치시키면서 말입니다. 그러면서 베유는 선한 신을 믿는 민족들과 권력과 전쟁의 신을 믿는 민족들을 대립시키고, 야훼를 악한 가짜 신으로 규정합니다.

또 2부의 「쿠튀리에 신부에게 보내는 편지」에선 그 외에도 신앙 개념의 전체주의적 성격이나 선교의 폭력성 등을 말하면서 교회의 문제점들을 비판합니다. 그러고선 베유는 그리스도교를 신비주의자들의 진짜 종교와 일반인들의 가짜 종교로 나눕니다. 이때 신비주의자들이란 자아를 제거해서 신과의 합일을 이루려는 사람들입니다.

아마도 베유는 이 글들에서 신을 종교의 조직과 권력에서 해방시킬 수 있길 바랐던 게 아닐까요? 사람들이 스스로의 힘으로 신에게 다가갈 수 있도록.

3부의 첫째 글인 「이 전쟁은 종교 전쟁입니다」에서 베유는 유럽이 내적 질병으로 고통받고 있고, 자신의 많은 부분으로부터 해방돼야 한다고 합니다. 그리고 그 방법을 영적 가난 속에서 찾습니다. 영적으로뿐만 아니라 실제적으로도 가난한 진정한 엘리트들이 영적 가난의 미덕을 사회에 퍼뜨려야 한다는 것입니다. 베유가 그러한 진정한 엘리트들로 염두에 두고 있는 건 아마도 13세기 프랑스 남부의 카타리즘 지도자들일 것입니다.

3부의 둘째 글인 「우리는 정의를 위해 싸우고 있을까요?」에서 베유는 정의의 개념을 새로 정립하려 합니다. 베유는 그리스적 전통 속에서 정의를 상호 간의 동의로 규정하는데, 이는 억압이나 강제가 있다면 정의일 수 없음을 뜻합니다. 특히 그는 신과 사람의 관계가 동의에 입각한다는 것("신은 거지처럼 사람에게 동의를 구하러 옵니다")을 전제하고, 사람들 사이의 관계도 신과 사람의 관계와 같아야 한다고 합니다.

하지만 베유는 뜻밖에도 복종에 대한 동의를 말하는데, 복종이 "인간 삶의 절대적 법칙"이라는 것입니다. 이는 우선 자연 필연성을 염두에 둔 것입니다. 에머슨이 「초령」(『자연』, 신문수 옮김, 문학과지성사, 1998)에서 "사물을 보는 통찰력은 복종으로부터 비롯되고, 복종은 환희에 찬 인식에서 비롯된다"고 했듯이 말입니다. 하지만 베유가 궁극적으로 염두에 두는 건 신적인 사랑에 대한 복종입니다. 베유는 그런 복종만이 자유를 가져다준다고 하고, a) 노예제 속에서의 강제에 따른 충성, b) 의회 민주주의에서 부적합한 선택지들에 대한 마지못한 동의, c) 임금 노동에서 계약이란 형태로 판매되는 동의, d) 피상적 현혹에 따른 열광적인 동의 같은 복종의 형태들에 대립시킵니다.

이 책에 실린 여섯 편의 글은 교회와 국가의 지배에서 벗어나 새로운 영성적 질서를 모색하는 내용으로 짜여 있습니다. 이 글들이 어떤 조직이나 이데올로기적 도그마들을 거치지 않고 스스로의 힘으로 신을 사고하는 데 도움이 되길 바랍니다. 또 마지막 두 편의 글에서 제시된 새로운 개념들이 사회 질서에 대한 새로운 통찰력을 가져다줄 것도 기대해 봅니다.

번역에 도움을 주신 세 분께 감사 인사를 전하고 싶습니다. 제 친형이신 이종강 님은 이 번역을 시작하기 직전에 우연찮게도 헤로도토스의 『역사』와 폴 존슨의 『기독교의 역사』를 선물해 주셨습니다. 번역을 하면서 이 두 권의 책에서 많은 도움을 받았습니다. 민중 신학자이신 이정희 선생님은 구약에 대한 제 초보적 의문들에 매번 친절하게 답해 주셨습니다. 제 동반자이신 변지현 님은 번역과 관련한 여러 선택지를 놓고서 시도 때도 없이 도움을 청할 때 항상 웃으며 도움들을 주셨습니다. 고맙습니다.

그리고 리시올 출판사에 마음으로부터 감사의 인사를 드립니다.

정성을 들여 번역하려 했지만 예기치 못한 오역들이 있을까 두렵습니다.

시몬 베유 연보[*]

1909

2월 3일. 파리 10구역 드 스트라스부르 가街 19번지에서
태어납니다. 아버지 베르나르 베유는 의사이고 어머니
살로메아 베유(결혼 전의 성은 라인헤르츠)는 폴란드에서
태어나 어린 시절 프랑스로 이주했습니다. 두 분 모두
유대인입니다. 1906년에 태어난 오빠 앙드레는 수학자가 되어
부르바키 그룹의 공동 창립자가 됩니다.

1913

10월. 가족이 파리 5구역 생‑미셸 가 37번지에 정착합니다.
베유 가족은 지방에 거주했던 시기들을 제외하곤 이곳에서
1929년까지 거주합니다.

1919

10월 3일. 페늘롱Fénelon 중학교에 나이보다 두 학년 위로

[*] 이 연보는 『신의 사랑에 관한 무질서한 생각들』과
『일리아스 또는 힘의 시』에 실렸던 연보를 보충하고 수정한
것입니다. 이 연보를 작성하면서 『선집』35~93쪽의 연보, 『전집』
II‑3권 323~339쪽의 연보, 『전집』IV‑1권 서문과 583~591쪽의
연보, 『전집』V‑1권의 서문 그리고 베유의 『노동 일기』(이삭,
1983)와 시몬느 뻬트르망, 『시몬느 베이유, 불꽃의 여자』(까치,
1978)를 참조했습니다. 『시몬느 베이유, 불꽃의 여자』를 번역하신
강경화 선생님과 『노동 일기』를 번역하신 이재형 선생님께 감사를
드립니다.

편입합니다.

1924~1925

빅토르-뒤리Victor-Duruy 고등학교 철학반에서 공부합니다.
뒤르켐의 사회학을 공부했고, 마르크스의『자본』을 처음 읽은
것도 이때인 듯합니다. 훗날 사회학자 레몽 아롱의 부인이 되는
쉬잔 고송Suzanne Gauchon과 친구가 됩니다.

1925

6월. 철학 전공으로 대학 입학 자격 시험에 합격합니다.
10월. 고등 사범 학교 입학 시험을 준비하기 위해 앙리
4세 고등학교 상급반에 입학하고, 3년 동안 알랭(본명은
에밀 샤르티에)의 강의를 듣습니다. 알랭은 초기에 베유를
'화성인'이라고 부르는데, 시몬 페트르망은 H. G. 웰스의
소설에 나오는 뇌와 시선만 있는 화성인에서 따온 것으로
여깁니다. 백조로 변한 여섯 왕자를 구하려고 6년간 침묵을
지키며 아네모네 꽃으로 여섯 개의 셔츠를 짜는 공주 이야기에
대한 논술로 알랭의 칭찬을 받습니다. 베유는 이 글에서
"아네모네 꽃으로 셔츠를 짜는 일이 갖는 중요한 뜻은 침묵을
지킨다는 것입니다. 침묵을 지킴으로써 우리는 힘을 집중할 수
있습니다"라고 합니다. 시몬 페트르망과 친구가 됩니다.

1926

2월.「미와 선」이란 논술로 알랭에게서 "무한히 아름답다"는
칭찬을 받습니다. 베유는 이 글에서 사막을 횡단하며 극심한
갈증에 시달리던 알렉산더 대왕이 병사들보다 특별한 대우를
받지 않으려고, 자신을 위해 길어 온 물을 마시지 않은 일을
다룹니다. 베유는 "누구도, 특히 알렉산더 자신도 그런 행동을

예측하지 못했습니다. 그러나 그 일이 일어나자 마땅히 그래야
한다고 생각하지 않는 사람이 없었습니다"라고 합니다. 종교와
신앙에 대해 친구들과 많은 토론을 합니다.

1927

6월. 규율 위반으로 8일간 정학을 당합니다.

1928

10월. 윌므 가에 있는 고등 사범 학교에 입학합니다. 앙리
4세 고등학교에서 금지할 때까지 계속 알랭의 강의를
듣습니다. 고등 사범 학교 교장이던 셀레스탱 부글레는 베유를
"아나키스트와 수도승의 혼합"이라고 규정합니다.

1929

1월 또는 2월. 인권 동맹에 가입합니다.

4월. 외할머니가 암으로 죽습니다. 베유는 『레 미제라블』을
읽어 주면서 그 곁을 지킵니다.

5월. 베유 가족이 파리 6구역 뤽상부르 공원 옆의 오귀스트
콩트 가 3번지로 이사합니다. 베유 가족은 마르세유로
피난할 때까지 이 집에 거주합니다. 현재 이 집 앞에는 베유가
1929년부터 1940년까지 살았다는 동판이 붙어 있습니다.

10월. 고급 연구 학위Diplôme d'études supérieures 논문
「데카르트에게서 과학과 지각」을 쓰기 시작합니다.

1930

7월. 고급 연구 학위 논문이 지도 교수인 레옹 브렁슈빅에게서
아주 낮은 점수(11/20)를 받고 통과됩니다.

7월. 교수 자격 시험에 합격합니다. 프랑스 중남부의 르 퓌Le Puy 여자 고등학교 교수로 임명됩니다.

9월 15~18일. 노동 총동맹CGT의 27차 대회에 참여합니다. 토론의 중심 주제는 노동 조합들의 연합에 대한 것이었습니다. 베유는 『리브르 프로포』*Libres Propos* 10월호에 참관기를 씁니다. 프랑스 공산당을 이탈한 노동 조합 활동가들이 주축을 이룬 잡지인 『프롤레타리아 혁명』의 관련자들과 친교를 맺습니다.

9월 30일. 르 퓌로 이사합니다.

10월. 인근의 생-테티엔Saint-Étienne으로 가서 노조 활동을 하는 교사들인 테브농Thévenon 부부를 만납니다. 부인인 알베르틴 테브농은 1951년에 출판된 베유의 『노동 조건』에 서문을 씁니다. 지역의 노조 활동가들과 밀접한 관계를 맺습니다. 노동 총동맹 소속 전국 교사 노조에 가입합니다.

11월. "공산주의자들을 포함해서 정파에 상관없이" 여러 노동 조합의 연합체를 조직합니다. 이는 통합주의자들의 모임인 '22인 그룹'의 결의를 뒤좇은 것입니다. 노동 총동맹과 통일 노동 총동맹CGTU은 이 결의에 반대합니다. 11일에는 르 퓌에서 노동 조합들 간의 첫 번째 회합이 성공적으로 치러집니다. 하지만 '22인 그룹'은 내부 분열로 해체됩니다. 이후에도 베유는 여러 노동 조합의 단일 노선을 지지하는 입장을 견지합니다.

12월 17일. 실업자들과 함께 르 퓌 시의회 회의장에 쳐들어가 발언을 합니다. 베유의 이런 행위는 논란의 대상이 됩니다.

12월 30일. 실업자들과 함께 다시 시의회 회의장으로 쳐들어가지만 발언을 하지는 않습니다.

1월 12일. 실업자들의 시위에서 경찰의 공격을 받습니다.

신문에서 베유를 '모스쿠테르'moscoutaire(모스크바의 지령을 받는 첩자)로 칭합니다. 하지만 베유는 얼마 뒤 부모에게 보낸 편지에서 "저를 모스쿠테르로 여깁니다.〔…〕하지만 저는 점점 더 공산주의자들로부터 멀어지고 있습니다"라고 씁니다. 이즈음부터 생-테티엔의 노동 조합 사무실에서 정기적으로 강의를 하고 『노력』L'Effort 같은 신문에 규칙적으로 기고하기 시작합니다.

4월. 트로츠키의 저술들을 읽습니다.

7월 2일. 『노력』에 실은 「소련과 미국」에서 스탈린이 미국적인 '효율성'을 추구한다고 비판합니다.

8월. 베를린과 함부르크를 여행합니다. 몇 달 뒤 테브농 부부에게 보낸 편지에서 "독일을 여행하면서 여태껏 공산당에 대해 그럼에도 갖고 있던 모든 존중심을 잃어버렸습니다"라고 씁니다.

10월. 프랑스 중북부의 오세르Auxerre 고등학교로 옮깁니다.

11월. 프랑스 공산당의 창립 멤버이고 1924년 축출된 보리스 수바린을 만납니다. 수바린이 이끄는 민주주의적 공산주의자 서클에 참여해 사람들과 친교를 맺습니다.

1933

1월 30일. 히틀러가 독일의 수상이 됩니다.

3월 23일. 히틀러가 전권을 장악합니다. 독일을 탈출한 사회주의 노동당의 지도자 야콥 발처Jacob Walcher, 트로츠키주의자들인 카티아 란다우Katia Landau와 쿠르트 란다우Kurt Landau, 로자 룩셈부르크의 옛 동료인 파울 프뢸리히Paul Fröhlich 등을 베유 가족의 집에 머물게 하며 돕습니다.

8월 25일. 러시아 혁명의 실패를 다룬 「전망들. 우리는 프롤레타리아 혁명을 향해 가고 있는가」를 발표합니다.

10월. 프랑스 중부의 로안Roanne 고등학교로 옮깁니다.

11월. 「전쟁에 대한 성찰」을 발표합니다.

12월 2일. 「소련의 문제」를 발표합니다.

12월 31일. 트로츠키가 며칠 동안 베유 가족의 집에 숙식하면서 베유와 격렬한 논쟁을 벌입니다.

1934

5월. 수바린이 『스탈린』을 탈고합니다. 베유는 수바린을 도와 출판사를 물색합니다.

12월. 『자유와 사회적 억압의 원인들에 대한 성찰』을 탈고합니다.

12월 4일. 파리의 알스톰Alsthom 공장에 노동자로 취업합니다.

1935

4월 5일. 알스톰 공장을 그만둡니다.

4월 11일. 파리 근교 불로뉴-비양쿠르Boulogne-Billancourt에 있는 바스-앵드르Basse-Indre 철공소에 노동자로 취업합니다.

5월 7일. 철공소에서 해고됩니다.

6월. 수바린의 책 『스탈린』이 출간됩니다.

6월 6일. 불로뉴-비양쿠르의 르노 공장에 노동자로 취업합니다.

8월 23일. 르노 공장을 그만둡니다. 이로써 공장 노동자 생활을 끝마칩니다.

10월. 다시 교직에 복귀해서 프랑스 중부의 부르주Bourges 고등학교로 옮깁니다.

1936

3월~4월 초. 부르주 고등학교가 있는 셰르Cher 지역의
농촌에서 노동을 합니다.

6월 10일. 「금속 노동자들의 삶과 파업」을 발표합니다.

8월 7일. 기자 신분으로 스페인에 도착합니다.

8월 9일. 바르셀로나에서 훌리안 고르킨Julián Gorkin을
비롯한 마르크스주의 통일 노동자당POUM(품)의 지도자들을
만납니다. 내전 발발 이후 실종된, 품의 창설자이자 수바린의
처남인 후아킨 마우린Joaquín Maurin을 찾는 임무를 맡겠다고
제안하지만, 위험하다며 고르킨이 거절합니다.

8월 14~15일. 아라공의 피냐Pina에 도착해서 부에나벤투라
두루티Buenaventura Durruti가 이끄는 다국적 아나키스트 중대에
합류하고 군사 작전에 참여합니다.

8월 20일. 식사를 준비하는 시간에 끓는 기름이 가득한 냄비에
발을 잘못 디뎌 왼쪽 다리와 발목에 큰 화상을 입고 후송됩니다.
베유의 근시로 인해 생긴 사고입니다.

9월 25일. 프랑스에 귀국해서 1년 동안 학교를 휴직합니다. 그
뒤 자신이 속했던 부대원들이 전멸했다는 소식을 듣습니다.

1937

2월 5~7일. 파리 지역 노동 조합 연합 대회에 참석합니다.
『프롤레타리아 혁명』에 실린 참관기에서 "공산당에 종속된
노동 총동맹이 러시아 국가의 단순한 부속 기관이 됐다는 건
의심의 여지가 없다"고 말합니다.

2월 23일. 노동자들을 대상으로 노동 합리화와 테일러주의에
대해 강연을 합니다.

3월 16일. 「트로이아 전쟁을 다시 시작하지 맙시다」를
발표합니다.

4월 23일~6월 16일. 이탈리아를 여행합니다.

9월. 앙드레 베유와 함께 부르바키 그룹의 수학자 대회에 참석합니다.

10월. 프랑스 북부의 생-캉탱Saint-Quentin 고등학교로 옮겨 복직하고, 『일리아스』에 대한 강의를 합니다.

1937년 말~1938년 초. 미완성 원고인 「마르크스주의의 모순들에 대하여」를 씁니다. 베유는 이 글의 서두에서 이렇게 말합니다. "청소년기에 처음으로 『자본』을 읽었는데 매우 중요한 공백과 모순 들이 곧바로 눈에 들어왔습니다. 그것들은 너무도 명백했지만, 마르크스주의를 지지하는 많은 뛰어난 정신이 그토록 명백한 비정합성과 공백 들을 파악하지 못할 리 없고 저술들을 통해 해결했으리라고 생각했기 때문에, 저 자신의 판단을 유보했습니다. 하지만 그 후로 마르크스주의 텍스트와 정당 들을 연구하면서 제 청소년기의 판단이 올바름을 확인했습니다. 〔…〕 마르크스, 엥겔스와 그 지지자들의 저술 전체는 독트린을 형성하지 못했습니다." 이런 생각은 1943년에 쓴 「마르크스주의적 독트린은 존재하는가」에서 체계적으로 제시됩니다.

1938

이해에 처음으로 구약 성서 전체를 다 읽습니다.

1월 중순. 심한 두통으로 학교를 휴직합니다.

3월 12일. 히틀러가 오스트리아를 합병합니다.

4월 10~19일. 솔렘Solesmes 수도원에 체류하면서, 그레고리안 성가를 듣고 "완전한 기쁨"을 느낍니다. 또 젊은 영국인으로부터 조지 허버트를 비롯한 17세기 영국 형이상학파 시인들을 소개받습니다. 파리로 돌아와 조지 허버트의 「사랑」을 읽고 큰 감동을 받습니다. 베유는 이 시가 "세상에서 가장 아름다운 시"라고 말합니다.

5월 말~8월 초. 두 번째로 이탈리아를 여행하고 스위스를 거쳐 돌아옵니다.

9월. 앙드레 베유와 함께 다시 부르바키 그룹의 수학자 대회에 참석합니다.

12월. 신비 체험을 합니다. 즉 "그 어떤 인간 존재보다도 더 밀접하고 더 확실하고 더 현실적인 (그리스도의) 현존"을 체험합니다.

1939

3월 15일. 독일군이 프라하에 입성합니다.

4월 7일. 이탈리아가 알바니아를 공격합니다.

4월~8월. 「평가를 위한 성찰」을 씁니다. 이 글에서 베유는 그동안 견지했던 평화주의를 포기합니다.

5월 22일. 독일과 이탈리아가 군사 동맹을 맺습니다.

8월 23일. 독일과 소련이 불가침 조약을 맺습니다.

9월 1일. 독일군이 폴란드를 침공합니다.

9월 3일. 영국과 프랑스가 독일에 선전 포고를 합니다.

가을. 「히틀러주의의 기원에 대한 몇 가지 성찰」과 「일리아스 또는 힘의 시」를 씁니다.

11월 30일. 러시아가 핀란드를 공격합니다.

1940

4월 9일. 독일군이 덴마크와 노르웨이를 침공합니다.

5월 10일. 독일군이 벨기에와 네덜란드를 침공합니다.

봄. 『바가바드 기타』를 읽고 열광합니다. 희곡 『구원받은 베니스』를 쓰기 시작하고 또 「최전선 간호사들의 양성 계획」을 쓰기 시작합니다.

6월 13일. 베유 가족(베유와 부모)이 파리를 떠납니다.

6월 14일. 독일군이 파리에 입성합니다.

6월 17일. 프랑스 정부가 사실상의 항복 선언인 휴전 요청을 합니다.

7월 초. 베유 가족이 비시에 도착합니다.

8월 말~9월 초. 베유 가족이 툴루즈에 머뭅니다.

9월 15일. 마르세유에 도착합니다. 곧바로『남부 평론』*Les Cahiers du Sud*과 접촉합니다.『남부 평론』은 독일이 프랑스 중북부를 점령한 이후 비시 정권의 지배하에 놓였던 남쪽의 이른바 '자유 지역'에서 지식인과 작가 들의 중요한 만남의 무대가 되었던 잡지입니다. 시인 장 토르텔Jean Tortel은『남부 평론』편집 회의에 참여한 시몬 베유가 득별한 정신적 힘을 가진 여성이었고 일찍 늙어 버렸으며 허리가 굽었고 거의 먹질 않아 깡말랐었다고 합니다.

10월 중순. 부모와 함께 마르세유의 아름다운 해변에 접한 카탈랑Catanlans 가 8번지에 정착합니다. 피난길에 네베르Nevers에서 우연히 만난 수바린과 1941년 8월 그가 미국으로 떠날 때까지 여러 차례 만나고 또 편지를 교환합니다. 자신의 생각들을 노트에 적기 시작합니다. 이 노트들은『전집』VI-1~4권으로 출간됩니다. 귀스타브 티봉이 그 가운데 일부를 발췌해 1947년에『중력과 은총』을 펴냅니다.

12월~1941년 1월.『남부 평론』에「일리아스 또는 힘의 시」가 실립니다.

1941

연초. 앙리 4세 고등학교의 고등 사범 학교 준비반 동창생인 르네 도말René Daumal을 다시 만나고, 이미 산스크리트어를 공부하고 있던 그를 따라 산스크리트어를 배웁니다.

1월. 카타리즘의 절멸을 다룬「어떤 서사시를 통해 본 한 문명의 최후」를 씁니다.

1월 23일. 카타리즘 전문가인 데오다 로셰Déodat Roché에게 편지를 씁니다.

1~2월.「가치의 개념을 둘러싼 몇 가지 성찰」을 씁니다.

4~5월. 로베르 뷔르가스Robert Burgass가 이끄는 레지스탕스 조직에 가담한 혐의로 가택 수색을 당하고 여러 차례 경찰의 심문을 받지만 풀려납니다. 베유는 영국에 가기 위한 목적으로, 장 토르텔의 소개를 받아 이 조직에 가입했습니다. 뷔르가스는 4월 25일에 체포되어 6년 형을 받고 1943년 감옥에서 죽습니다.

봄.「과학과 우리」를 씁니다.

6월 7일. 페랭 신부를 만납니다. 그 뒤 페랭 신부와 종교적 문제들에 관해 정기적으로 토론을 벌입니다. 페랭 신부에게 농업 노동자로 일하고 싶다는 부탁을 하자, 그는 아비뇽 북쪽에 위치한 생-마르셀-다르데슈Saint-Marcel-d'Ardèche에서 농사를 짓던 가톨릭 작가 귀스타브 티봉을 소개해 줍니다.

6월 22일. 독일군이 러시아를 침공합니다.

8월 7일. 귀스타브 티봉의 농장에 도착해 농사일을 시작합니다. 티봉과 베유의 관계는 처음엔 많은 어려움이 있었지만 나중엔 밀접한 친구가 됩니다. 티봉은 베유의 첫인상을 "몸이 좀 구부정했으며 퍽 늙어 보였다"고 합니다. 베유는 론Rhône 강가의 낡고 작은 집에 머뭅니다. 이 시기에 보낸 어떤 편지에서 밤하늘을 바라보는 것보다 더 큰 기쁨은 없고 별들이 영혼 속으로 들어오는 걸 느낀다고 씁니다.

9월 10~20일. 부모와 함께 시스테롱Sisteron 북쪽에 위치한 르 포에le Poët에 머뭅니다.『도덕경』을 읽고, 르네 도말과 함께 『우파니샤드』를 공부합니다. 시몬 페트르망과 이틀을 같이 지냅니다. 페트르망은 이때 베유에게서 "좀처럼 느낄 수 없던 부드러움과 평온함"을 느꼈다고 합니다.

9월 22일~10월 22일. 아비뇽 북쪽에 위치한 쥘리앙 드
페롤라Julian de Peyrolas에서 포도 수확을 합니다.

10월 23일. 마르세유로 돌아옵니다.

1942

1월 19일. 페랭 신부에게 가톨릭 신자가 되기를 사양하는
편지를 보냅니다. 또 추신으로 세례 받기를 사양하는 편지를
보냅니다.

3월. 「옥시타니아적 영감이란 어떤 것일까」를 씁니다.

3월 27일경. 『남부 평론』의 편집자인 장 발라르Jean Ballard와
함께 카타리즘의 중심지였던 카르가손Carcassone으로 가서,
1차 대전 때 총상을 당해 하반신이 마비된 작가 조에 부스케를
두세 차례 만나고 또 카타리즘 전문가인 르네 넬리René Nelli를
만납니다.

4월 2~5일. 베네딕트회 앙 칼카En Calcat 수도원의 동 클레망
자콥Dom Clément Jacob을 만납니다. 그는 베유를 이단으로
여깁니다.

4월 5일 이후. 「신에 대한 사랑이라는 관점에서 학과 공부의
올바른 효용을 논함」을 씁니다.

4월 초반. 「노아의 세 아들과 지중해 문명사」를 씁니다.

4월 말. 「신의 사랑에 대한 무질서한 성찰들」과 「신의 사랑에
관한 무질서한 생각들」을 씁니다. 귀스타브 티봉에게 자신의
생각을 적은 노트들을 맡깁니다.

5월 초. 「신에 대한 암묵적 사랑의 형태들」과 「신의 사랑과
불행」의 전반부를 씁니다.

5월 12일. 조에 부스케에게 작별의 편지를 보냅니다.

5월 12~14일(?). 페랭 신부에게 작별의 편지('영적 자서전')를

보냅니다.

5월 14일. 뉴욕을 향해 출발합니다.

5월 15일경. 「주기도문에 대하여」를 씁니다.

5월 18일. 알제리의 오랑Oran에 기항합니다.

5월 20일~6월 7일. 모로코의 카사블랑카에 기항합니다. 그사이 「피타고라스 학파의 텍스트들에 대한 주해」와 「그리스도교와 비히브리 종교들의 원초적 관계에 대한 노트」를 쓰고 또 「신의 사랑과 불행」 후반부를 완성합니다.

7월 6일. 뉴욕에 도착합니다. 호텔에 머물다가 리버사이드 드라이브 549번지의 아파트에 정착합니다. 사회 연구를 위한 뉴스쿨 교수로 있던 자크 마리탱을 만나고, 그의 소개로 쿠튀리에 신부를 만납니다.

7월 28~30일. 런던에 있는 프랑스 망명 정부('자유 프랑스')에 참여하기 위해 자크 수스텔Jacques Soustelle과 모리스 쉬망Maurice Schumann에게 편지를 씁니다. 수스텔은 고등 사범 학교에서 약간의 면식이 있었던 인류학자로 망명 정부 중앙 정보 행동국BCRA의 책임자이고, 모리스 쉬망은 앙리 4세 고등학교에서 알랭의 수업을 옆자리에서 들은 후배이자 망명 정부의 대변인입니다. 결국 이들의 도움으로 베유는 런던의 망명 정부에 참여하게 됩니다.

9월 초. 「이스라엘과 '이교도들'」을 씁니다.

9월 후반. 「쿠튀리에 신부에게 보내는 편지」를 씁니다.

10월. 나중에 『초자연적 인식』이라는 제목으로 출간되고 다시 『전집』 VI-4권을 이룰 노트들을 씁니다.

11월 10일. 영국으로 출발합니다.

11월 25일. 리버풀에 도착합니다. 신원 조사를 위해 18일 동안 억류됩니다.

12월 14일~1943년. 런던에 도착합니다. 이후 망명 정부

내무부의 기안자起案者, rédactrice로 임명되어 여러 위원회에서
올라오는 보고서를 분석하고 논평하는 일을 맡습니다. 하지만
상급자인 프랑시스–루이 클로종Francis-Louis Closon은 그 후
베유에게 쓰고 싶은 글들을 자유롭게 쓰게 합니다. 그리하여
베유는 『뿌리내림』, 「이 전쟁은 종교 전쟁입니다」, 「우리는
정의를 위해 싸우고 있을까요?」, 「모든 정당의 폐기에 대한
노트」, 「마르크스주의적 독트린은 존재하는가」를 비롯하여
전후 프랑스의 재건에 관한 여러 편의 글을 씁니다. 그
가운데 「반란에 대한 고찰」은 프랑스에 전국 레지스탕스
위원회를 결성하는 데 기여합니다. 하지만 베유의 대부분
글은 사람들에게 비현실적으로 여겨집니다. 법학자이자 국회
의원이었고 망명 정부 노농부 위원이었던 앙드레 필립André
Philip은 베유의 글들이 구체적이지 않다고 합니다. 베유는 또
「개인성과 성스러움」 같은 중요한 신학적인 글도 씁니다.

1943

1월. 런던 도착 이후 자원 활동가들의 숙소에 머물다가, 런던
홀랜드 파크 북쪽의 빈민 지역인 포틀랜드 가 31번지 프랜시스
부인 집 위층에 방을 구합니다. 프랜시스 부인과는 다정한
친구가 되고, 부인의 두 아들인 열네 살 데이비드와 아홉 살
존은 공부를 돌봐 준 베유를 무척 따릅니다. 베유는 프랑스에
낙하산을 타고 침투해 활동하길 원하지만, 클로종은 다른
사람들까지 위험에 처하게 할 수 있다며 거절합니다.
2월 중순~3월 중순. 고등 사범 학교에서 알게 된 수학자이자
과학 철학자 장 카바예스를 다시 만납니다. 카바예스는
프랑스에 잠입하고 싶어 하는 베유를 만류합니다. 카바예스
자신은 레지스탕스의 일원으로 1944년 독일군에게
처형됩니다. 그의 저술은 나중에 루이 알튀세르 등에게 많은

영향을 끼칩니다.

4월 15일. 방에서 의식을 잃은 채 발견되어 런던의 미들섹스Middlesex 병원에 입원합니다. 폐결핵 진단을 받습니다.

5월 말. 산스크리트어로 『바가바드 기타』를 읽습니다.

7월 26일. 헤게모니를 가지려는 드골주의의 흐름에 반대해서, 클로종에게 사직서를 보냅니다. 드골주의에 관해 모리스 쉬망과 격렬한 논쟁을 벌입니다.

8월 17일. 켄트Kent주 애시퍼드Ashford에 있는 그로브너Grosvenor 요양원으로 옮깁니다. 창밖의 경치가 좋아 "아름다운 방에서 죽게 되었다"고 말합니다.

8월 24일. 밤 열 시 반경 심장 마비로 죽습니다.

8월 30일. 애시퍼드에 있는 가톨릭 묘지에 시신이 묻힙니다. 모리스 쉬망, 프랜시스 부인, 클로종 부인, 쉬잔 아롱 등이 장례식에 참여합니다.

1947

귀스타브 티봉이 편집한 『중력과 은총』이 플롱Plon 출판사에서 출판됩니다.

1949

『뿌리내림』이 알베르 카뮈가 기획한 '희망' 총서로 갈리마르 출판사에서 출판됩니다.

1950

『초자연적 인식』이 갈리마르 출판사의 '희망' 총서로 출판되고, 페랭 신부가 편집한 『신을 기다리며』가 라 콜롱브La Colombe 출판사에서 출판됩니다.

1951

쿠튀리에 신부에게 보낸 편지가 『어느 성직자에게 보낸
편지』라는 제목으로 『노동 조건』과 함께 갈리마르 출판사의
'희망' 총서로 출판됩니다. 『노트』의 첫째 권이 플롱 출판사에서
출판됩니다.

1953

『그리스적 원천』이 갈리마르 출판사의 '희망' 총서로
출판됩니다.

쿠튀리에 신부에게 보내는 편지

1판 1쇄 2024년 3월 25일 펴냄

지은이 시몬 베유. 옮긴이 이종영.
펴낸곳 리시올. 펴낸이 김효진. 제작 상지사.

Copyright © 이종영 2024

리시올. 출판등록 2016년 10월 4일 제2016-000050호.
주소 경기도 고양시 화신로 298, 802-1401.
전화 02-6085-1604. 팩스 02-6455-1604.
이메일 luciole.book@gmail.com.
블로그 playtime.blog.

ISBN 979-11-90292-25-2 (93100)